农业经营管理

— 案例解读 —

翟玉胜／编著

NONGYE JINGYING GUANLI

ANLI JIEDU

四川科学技术出版社

图书在版编目（CIP）数据

农业经营管理案例解读 / 翟玉胜编著. -- 成都：
四川科学技术出版社, 2023.5
ISBN 978-7-5727-0948-7

Ⅰ. ①农… Ⅱ. ①翟… Ⅲ. ①农业经营 – 经营管理 –
案例 – 研究 – 中国 Ⅳ. ①F324

中国国家版本馆CIP数据核字（2023）第062314号

农业经营管理案例解读

编　　著　翟玉胜

出 品 人　程佳月
责任编辑　胡小华
责任出版　欧晓春
出版发行　四川科学技术出版社
　　　　　成都市锦江区三色路238号　邮政编码 610023
　　　　　官方微博 http://weibo.com/sckjcbs
　　　　　官方微信公众号 sckjcbs
　　　　　传真 028-86361756
成品尺寸　185 mm × 260 mm
印　　张　9.5　字数 190 千
印　　刷　成都远恒彩色印务有限公司
版　　次　2023年5月第1版
印　　次　2023年5月第1次印刷
定　　价　36.00

ISBN 978-7-5727-0948-7

邮购：成都市锦江区三色路238号新华之星A座25层　邮政编码：610023
电话：028-86361770

前　言

党的十九大报告提出实施乡村振兴战略，在我国"三农"发展进程中具有划时代的里程碑意义。实施乡村振兴战略，是深刻把握现代化建设规律和城乡关系变化特征的新时代"三农"工作总抓手。乡村振兴是实现共同富裕的必经之路。促进共同富裕，最艰巨最繁重的任务仍然在农村。农业农村现代化是实施乡村振兴战略的总目标，坚持农业农村优先发展是总方针，产业兴旺、生态宜居、乡风文明、治理有效、生活富裕是总要求。要实现农业农村现代化，需要加快农业产业化，盘活农村资产，增加农民财产性收入，使更多农村居民勤劳致富；需要推动生产要素的加快流动重组，推动合作社、家庭农场、农业企业及其联合的产业共同体等"新农人"群体的形成；需要面向城乡融合发展带来的新需求空间，创造乡村产业发展新业态，提升乡村资源的经济价值、生态价值、社会价值和文化价值；需要适应数字化时代城乡数字经济齐头并进所带来的数字技术与农村产业发展深度融合的新业态、新组织和新模式。这些迫切需要都在促使农业经营管理水平持续提升，都在激发培养高素质现代农业生产经营者队伍的澎湃动能。

企业是社会的经济细胞，是经济活动的市场主体，而经营管理则是企业最基本的经济活动。农业经营管理是对农业整个生产经营活动进行计划、组织、控制、协调，并对企业成员进行激励，以实现其任务和目标一系列工作的总称。农业管理包括农业战略管理与经营决策、农业产业化组织结构、农业生产管理、农业供应链管理、农业品牌管理、农业营销管理、农业资本运作等。农业经营是指农业企业在国家政策引导下，在企业外部环境、内部条件和经营目标之间的动态平衡中，争取最佳经济效益而进行的决策性活动。经营是运用自身的资源去整合外部资源，共同为目标市场提供产品或者服务来换取经济利益的一种外向型经济行为，而管理是运用计划、组织、指挥、协调、控制来更好地运用企业的资源，去实现企业既定经营目标的一种内向型经济行为。显然经营的重点在整合和交换；管理的重点在计划与控制，管理是经营的基础和保证。

我国新时代的脱贫攻坚取得重大成就，历史性地解决了绝对贫困问题，在全面建成小康社会、开启建设社会主义现代化国家新征程的历史节点，解决发展不平衡不充分问题、缩小城乡区域发展差距、实现社会的全面发展和全体人民共同富裕仍然任重而道远。益贫式增长、共享发展都是世界性难题，解决这些问题，需要付出更多的智慧和更大的努力。面对不断变化着的农业管理实践，培养具有社会责任感、创新精神、解决实际问题的能力的复合型研究生，实践性教学环节必须要加强。经营管理既强调理论与实际相结合，又突出实践性、针对性和有效性，而翔实的案例则是对管理实践性、针对性和有效性的最好诠释，可以帮助学习者对农业经营管理的基本理论、基本经验和基本方法有所理解、掌握；更好地指导农业生产经营实践者，改进农业经营管理行为，促进农业增产增收和农村繁荣富强。

本书选题立足农业现代化和乡村振兴的总体要求，选择山地现代高效特色产业、农业产业化组织、现代农业模式、新型经营主体、区域品牌营销、农村产业革命、农业新型主体利益联结机制、乡村绿色发展等案例，案例以贵州本土企业经营管理、山地特色农业建设和农村产业革命为主要素材，参阅国内农业管理经典理论和最新研究成果，对原有新闻素材和调查材料进行整理，增加理论与事实的解读，便于各级学校开展"理论指导＋案例探索"的混合式教学应用，也利于农林经济管理专业学生结合理论知识，启发思考或提高研究兴致。

本书是铜仁学院农业经营管理案例（20181120）结题成果，得到了铜仁学院 2021 年硕士点及学科建设研究子项目《西方经济学混合式教改项目》（Trxyxwdxm-043）的资金资助。案例素材得到铜仁市农业农村局、万山区委和铜仁学院经济管理学院博士团队的帮助，在此向各级领导、各位同事一并表示真诚的谢意。

鉴于编者水平有限，书中难免有疏漏或不足之处，敬请广大读者批评指正。

目　　录

【案例1】广东数字农业与山东寿光蔬菜产业的创新模式

随着技术进步与创新步伐不断加快，以及城乡居民消费结构不断升级、优质农产品和服务需求快速增长，当前靠拼资源、拼规模、拼农资投入的粗放式农业经营道路，已经难以为继、不可持续，农产品不再追求越多越好，而是追求品质、效益和高附加值。

数字农业作为农业发展的高级形态，以农业全产业链的数字化信息为生产要素，以数字技术为核心驱动力，以物联网、大数据、人工智能、区块链和所有基于互联网的服务为重要载体，对农业对象、环境和全过程进行可视化表达、数字化设计、信息化管理，是《数字乡村发展战略纲要》的重点任务，也是推动农业高质量发展的重要方式。

一、广东数字农业的发展背景

作为改革开放的排头兵、先行地、实验区，广东发展数字农业具有产业、市场、科技、环境等多方面优势。广东气候条件优越，农产品资源丰富，荔枝、龙眼、菠萝、香蕉产量占全国"半壁江山"以上，农业产业经营效益比较高，有利于农业新技术的推广应用。而且广东数字产业发达，数字经济规模超4万亿元，占全国13.6%，居全国首位；信息基础设施齐备，共建成5G基站21 473座，居全国第一，20户以上自然村光网平均覆盖率92.1%，位居全国前列。内需、外贸大省双合一，拥有广阔的市场基础。广东常住人口居全国第一，具有广阔的消费市场，而且区位优势突出，对外通商便利，外贸进出口总额连续33年居全国第一，社会消费品零售总额连续36年居全国第一，其中水果消费量、特色农产品网购量全国最大。粤港澳大湾区市场庞大，人口数量多（7 000多万人）、消费水平高，只要产品质量好、产品供得上，在广东就能卖得出去，并卖出好价格。广东农业科技创新实力全国领先，拥有强大的创新驱动力。全国仅有4个国家级现代农业产业科技创新中心，广东就有1个（广州国家农业科创中心）。广东农业科技进步贡献率为68%，畜禽遗传资源保护区、生猪肉鸡核心育种场和良种推广基地均居全国第一。而且广东依托粤港澳大湾区的人才集聚优势，有丰富的智力资源和技术储备可供开发利用，目前参与国家现代农业产业技术体系建设的人才数量位居全国第一，加之经济实力雄厚、数字治理能力领先，因此拥有良好的发展环境。

广东作为全国第一经济大省，为发展数字农业提供了有力经济支撑。广东依托全国领先的数字经济政府改革建设，激发数字农业创造活力，涉农事项 100% 网上办理，行政审批"零到场"，在全国省级农业政府网站测评中获得用户体验第一。广东数字农业企业发展迅速，拥有浓厚的创业创新氛围，同时广东拥有一批全球领先的数字经济企业。比如，科技巨头华为技术有限公司、深圳市腾讯计算机系统有限公司，深耕农业基因的深圳华大基因科技有限公司，植保无人机龙头深圳市大疆创新科技有限公司和广州极飞科技股份有限公司等，漫云（广州）科技有限公司、、深圳市农博创新科技有限公司等初创企业蓬勃发展。2020 世界数字农业大会在广州举行，充分展现了数字科技与现代农业的多维度融合。

二、广东探索数字农业发展的做法

1. 完善数字化发展的顶层设计，加快数字赋能推动现代农业发展

近年来，广东扎实推进《数字乡村发展战略纲要》实施，大力发展农村数字经济，加快推广云计算、大数据、物联网、人工智能等新一代信息技术与农业全面深度融合应用，进一步解放和发展了乡村产业数字化生产力，加强政策引导，提升数字农业信息服务管理能力。自 2015 年以来，广东相继出台了"互联网+"行动计划（2015—2020年）、信息基础设施建设三年行动计划（2018—2020 年）、加快 5G 产业发展行动计划（2019—2022 年）等文件，将"互联网 + 农业""5G 智慧农业"以及实施信息进村入户工程等举措纳入省人民政府工作，推动农业生产智能化和农产品流通网络化。2020 年6 月，广东省农业农村厅出台了《广东数字农业农村发展行动计划（2020—2025 年）》（粤农农〔2020〕157 号），计划到 2025 年，广东数字农业农村发展取得更显著成效，数字农业发展方式更加优化，农村数字化管理水平日趋完善，数字技术与农业产业体系、生产体系、经营体系加快融合。未来广东农业发展将以数字农业作为优先发展方向，着力构建农业农村数字资源体系，着力推进重要农产品全产业链大数据建设，把互联网、大数据、遥感、人工智能等现代信息技术广泛应用于农业发展全过程，推动农业经营增收、流通效率提高和产品质量提升，走出一条具有广东特色的农业数字化发展之路。

2. 夯实数字乡村发展的设施基础，推动发展智慧农业

紧抓 5G 发展机遇，统筹推进光纤网络、5G、4G 等通信网络建设，接入能力普遍提速到 100 Mbps 以上，乡村宽带网络建设取得阶段性突破。截至 2021 年 12 月底，广东省农村光纤接入用户累计 1 033.9 万户，全省农村百兆用户占比 92.13%。全省 4G 网络在行政村和自然村普遍覆盖。积极推动《广东省数字经济促进条例》落实，推动现代信

息通信技术与农业生产深度融合，加快数字农业建设应用步伐。广东正在努力成为全国数字农业农村建设的创新者、探索者和引领者。

一是以"政府引导、市场运作、企业主体"为模式，建立数字农业示范基地。2019年以来，广东分别创建广东数字农业试验区、广东数字农业发展联盟、大湾区数字农业合作峰会。广东数字农业发展联盟发起单位囊括数字农业领域的产业龙头、科技创新型企业、金融与产业服务公司、新闻媒体、科研机构及高校。联盟为农民、农业、农村导入互联网、数字技术，实现乡村振兴资源的高效高质配置。广州市增城区成立数字农业发展公司，联合中国联通建设业界首个落地的5G+智慧农业应用项目。新会国家现代陈皮产业园联合中国电信开展智慧农业大数据项目，搭建数字化精准种植平台，实现节水50%以上、节约肥料60%左右、节约农药50%，而且实现了农产品质量全过程追溯。在湛江建设5G+水产示范应用基地，水产养殖、加工和冷链物流实现有机融合。广东省农业农村厅和中国联通广东分公司签订了乡村振兴战略数字化框架合作协议，和京东科技签订了乡村振兴框架合作协议。2022年，广东围绕"三创建八培育"的总体目标，提升乡村产业链和供应链的数字化水平，推动农产品大数据和数字农业基础设施建设和构建智慧农业和数字乡村体系，提升农业农村数字化水平。

二是推广应用物联网、区块链等数字技术，实现农业种养精细化、智能化。广东大力投入数字经济基础建设，2021年已建成5G基站17.1万个，占全国12%，并预计全省到2025年建设5G基站25万台。比如，温氏食品集团股份有限公司（简称温氏集团）、正大集团、广东壹号食品股份有限公司等企业通过"云养殖"平台，输出行业解决方案。温氏集团的农牧行业平台已帮助5万户家庭农场实现手机上养猪、养鸡，养猪效率提升了5～7倍。湛江的智能对虾加工厂，利用数字技术建立起水环境监测、精细化养殖、智能网箱等水产供应链体系，已实现3～8分钟高效完成速冻作业。中国工程院院士、华南农业大学教授罗锡文带领团队在增城进行无人农场试验，打造了广东首个水稻从种到收的全程无人化农场。无人农场的关键技术包括数字化感知、智能化决策、精准化作业和智慧化管理，有助于实现耕、种、管、收等多个环节的无人化作业。目前南粤大地上，植保无人机、驾驶无人机已成为农民的"标配"。自2018年起，广东大力推进建设现代农业产业园，通过数字化促进产业发展。如汕尾市海丰县的蔬菜产业园，通过大数据、物联网以及人工智能方面的技术，实现了病虫害的智能检测；同时，搭建网上"云会诊"平台，让乡村也能充分利用大城市的农业专家资源。田头智慧小站探索仓储保鲜、加工包装、直播电商、区域农业数据收集发布、新技术示范推广、新农人创业实训孵化、市场集散、农业金融保险对接、农业生产经营信息（土地流转、农技农机农资信息）发布对接、农村政策法规宣传等十大功能。作为"粤港澳大湾区后花园"的清远市，是广东省的农业农村大市。2021年以来，以英德市连樟村数字乡村示范为起点，在全市范围内打造了33个数字乡村标杆村，通过"网格化＋数字化"进行数字乡村建设，对于乡村产业发展、基层管理都能起到很大作用。

三是率先试水"短视频＋网红"营销模式，农产品带货能力强劲。持续发力"短视频＋网红"领域，组建起一支农业短视频网红"生力军"，举办一系列三农"短视频＋网红"培训班和营销研讨会，成立农业"短视频＋网红"联盟和研究院，形成了优质农业"短视频＋网红"产业集群，助力现代农业产业园、专业镇、特色村转型升级。以阳江市阳西县为试点，与新浪、腾讯、字节跳动等平台建立"一村一品、一镇一业"短视频矩阵，探索农产品数字化营销。2021年，广州花都区赤坭镇成功举办"直播赋能 数字赤坭"活动，孵化33个直播团队，电商培育1600人次，集中宣传展示了赤坭盆景之乡及数字农业发展成果。广东建立的农产品"保供稳价安心"数字平台推动了一批传统农业企业走进数字经济，还通过"12221"农产品市场体系的影响，助力2020年广东荔枝、菠萝打了一场漂亮的"营销逆转战"。广东引导荔枝、菠萝、茶叶等优势产业生产、销售、采购全过程上云网，构建农业生产销售大数据服务体系。广东举办一系列网络节，数字化实践出实效。2020年初，首届徐闻菠萝网络节举办，7位镇长与网红组团直播，当天累计观看人数150万人次，带动销售140多万千克；2021年惠来鲍鱼云端发力，收入整体提升6亿元。全域数字化营销推广释放巨大效能。《2021全国县域数字农业农村电子商务发展报告》显示，2020年广东省县域农产品网络零售额超750.6亿元，排名全国第一。

国内首个农业元宇宙虚拟人"小柑妹"落地德庆

3. 加强农业农村数字化人才队伍建设，化解数字技术人才匮乏

与城市相比，农村的数字化环境和薪资均处于劣势，数字化人才难以扎根农村。目前，广东省境内的深圳大学、华南农业大学等42所普通本科高校开设了数据科学与大数据技术、大数据管理与应用、物联网工程等数字化相关专业，推动了农业农村数字化相关专业人才的培养教学改革和教学研究。通过"农业物联网虚拟仿真实验教学中心"等相关省质量工程建设项目立项4项。广东省教育厅鼓励更多高校设置大数据、物联网等数字化相关专业，推动高校开设深度融合互联网和大数据平台的农业生产、农村管理

有关课程。促进产教融合，与农业生产企业、农村基层部门协同合作，培养农业农村数字化发展急需的高素质人才。建立农业农村数字化相关教材、案例、课程等教学资源的共建共享机制，丰富各高校农业农村数字化相关专业人才培养资源。广东省出台"科技特派员驻镇帮镇扶村"政策，精心选派农村科技特派员到乡村镇上，利用科学技术为农业产业赋能。建立新型数字农民学习平台，通过线上、线下相结合的方式开展数字化技能培训，提升新型数字农民质量。

三、山东寿光传统农业创新发展的做法

一直以来，蔬菜大棚作为寿光农业的"金字招牌"，是推动寿光农业增效、农村发展、农民增收的制胜法宝。寿光从优势蔬菜产业入手，以蔬菜大棚旧棚改新棚、大田改大棚"两改"为突破口，创新蔬菜产业发展模式，着力破解现代农业发展难题，提高农业供给质量和效率。寿光通过狠抓"两个体系"建设、"两个市场"整顿和"两类人"的打击保障了质量安全的底线；大力倡导"两委"牵头办合作社，探索建立以合作社为主体、以联合社为纽带、以社会化综合服务为支撑、覆盖全产业链条的产业运营组织体系，让农户抱团闯市场。

1. 以"两改"加速结构化调整，让农民进一步增收

2015年以来，寿光市全力推进"两改"，即旧棚改新棚、大田改大棚，进一步扩大蔬菜大棚种植面积，这是促进品质农业发展的重点举措。各镇街区迅速把大棚"两改"作为转方式、调结构、促增收的重要举措，迅速掀起了一场大棚"两改"的热潮。"两改"对农民来说，通过扩大大棚的覆盖面积、提高大棚建设标准来提升土地利用率，促进农民增收，1亩[①]小麦收入千元左右，而一亩大棚蔬菜的收入却要高出十几倍甚至几十倍。

文家街道桑家营子村就是在"两改"中受益的典型村。桑家营子村全村耕地不足900亩，除了一小部分粮田，原有的大棚数量不到400个，平均一个大棚占地不到一亩，棚矮、老旧、效益低、土地利用率低是原来不得不承认的现实。据统计，全村有差不多300亩土地没有得到高效利用，占总耕地面积的1/3，大大地制约了土地的生产效率。并且多年积压形成的人地矛盾突出，在全村的1 100口人中，有180口人没有实际耕种土地。借助"两改"桑家营子村通过土地流转，重新对全村耕地进行了调整，按照高标准的要求，重新规划建设了160个全新的大棚，提高了全村的土地利用率，也大幅度地提高了土地收益，一亩地比原来增收至少2万元。

化龙镇抢抓寿光市大棚"两改"新机遇，提前流转土地5 452亩，规划了郝屯、前王等规模园区19个，对成方连片的土地进行集中流转，统一规划建设，统一配套基础设施，集中建设高温大棚520多个。大力推广水肥一体化、智能放风机、植物生长灯等

---

① 1亩 ≈ 667平方米。

先进设备，引领大棚发展的现代化转型。寿光市营里镇孙家庄村调整了200亩土地，发展了28个高标准的蔬菜大棚。通过统一流转土地建大棚，村民收益是种植传统作物的几倍甚至十几倍。到2017年，寿光已流转土地6.3万亩，新建大棚1.1万个，100亩以上的"两改"园区达100多个 [①]。

2. 以政策扶持为保障，发挥政府引领作用

农业结构调整关系农业增效、农民增收和群众切身利益，政府作用的发挥十分关键。寿光常年种植蔬菜60万亩，产量450万吨，育苗能力14亿株。原来一些大棚，低矮潮湿，霉菌病害多，提温慢、产量低，农业机械进不去、用不上，菜农劳动强度高。时任市委书记朱兰玺调研发现，推进的大棚"两改"：大田改大棚，旧棚改新棚，让寿光蔬菜继续在全国领跑，实施蔬菜发展"二次创业"。寿光坚持问题导向，突出政策指引，精准施策、精准发力，全力保障"两改"工作部署落实到位。

一是利用资金的扶持充分激发各级积极性。出台"两改"扶持政策，明确对占地面积100亩以上、统一规划布局、统一建设标准的新建、改建蔬菜生产区，在水、电、路等基础设施方面给予资金补助，不仅带动了村里农户、外来农户建棚，还吸引了返乡创业者建棚创收。

二是通过政策引导全力解决资金难题。市委、市人民政府积极协调银行，为村民提供贷款支持，保证大棚建设资金。积极创新金融支农手段，研究制订了"两改"信贷扶持方案，协调农商行、农行对申请贷款农户统一给予优惠利率。

三是通过培训推广提高"两改"的质量和效率。举办全市农村党组织书记培训班，推广"两改"典型经验。通过驻村摸底、到村宣传、组织菜农参观学习等方式，在种植成本、日常管理、产出效益等方面为群众算好明白账，激发农民"两改"热情。探索推行"三评三定"考评机制，拿出工资的一半作为绩效工资，根据考评结果来发放，确保村支书在职有待遇、干好有前途、退岗有保障。

3. 以规模化种植为引领，创新土地流转模式

规模化是现代农业发展的必然趋势和必经阶段，而农业规模化的重要前提就是实现土地有序流转。针对菜农想建大棚找不到合适地块、群众想流转土地找不到门路的现实困境，坚持"一镇一策、一村一法"，创新土地流转模式，实现土地供需双方的共赢。

一是采取"飞地"模式。打破镇街行政区域界限，通过联合、结对子方式，以村为单位组织有建棚意愿的农民到土地资源丰富、适宜蔬菜种植的乡镇统一流转土地、建设蔬菜大棚。如洛城街道组织屯西村菜农到化龙镇整体流转3个村、700多亩土地建设蔬菜大棚，双方所在镇级政府签订流转合同，以政府公信力做担保，解除了土地供需双方的后顾之忧。

---

① 刘成友. 山东寿光市农业供给侧改革，推蔬菜大棚"两改"——一把手，出题更要答题 [N]. 人民日报，2017-07-03（11版）.

二是采取"村委主导"模式。充分发挥基层党组织作用，对村委班子强、村情好的村，由村委牵头负责，按照统一调整土地、统一协商定价、统一招标建设、统一合理分配的"四统一"原则，集中进行整体流转，有效提高了土地流转速度和效率。文家街道桑家营子村村两委牵头，对全村 850 亩土地集中进行流转，新规划建设 160 个高标准蔬菜大棚，大大提高了土地利用率和蔬菜产出效益。

三是采取"土地复垦"模式。按照镇村整体规划，以土地挂钩试点为契机，利用村集体腾余土地，统一规划建设高标准、现代化的蔬菜大棚园区。对符合条件的新建农业园区，各镇街区在水、电、路等基础设施配套上给予相应扶持。稻田镇崔岭西村去年完成挂钩试点，腾出土地 200 多亩，全部规划建设蔬菜大棚园区，有效满足了菜农土地供给需求。

4. 以创新智能化设备建管模式为导向，加快蔬菜产业上档升级

寿光不断探索更加科学高效的蔬菜大棚建管模式，不断强化服务配套、平台载体、科技应用、网络智能四方面建设，全力推动蔬菜产业上档升级。

一是构建了"联合社 + 合作社 + 农户"的生产服务体系。将大棚"两改"与村两委领办合作社相结合，在大棚园区配套成立合作社，依托市级成立的菜农之家联合社，构建了"联合社 + 合作社 + 农户"的生产服务体系，统一提供测土配方施肥、良种良法、农业技术指导等全程社会化服务，促进了生产过程的标准化。

二是引导昔日"土棚子"向巨型"农业车间"的新型蔬菜大棚转型。稻田镇潘家稻庄村新建蔬菜大棚统一标准为长 200 米、宽 30 米、高 7.5 米，棚内实际种植面积达 4.7 亩，新式大棚采光好、提温快，面积比旧棚增加约 80%，土地利用率提高 40% 以上，既方便大型机械作业、提升自动化水平，又推动了农药、农资、农机等涉农工业及运输、仓储、旅游等产业融合发展，提高农业综合效益。新型蔬菜大棚初期投入约 40 万元，可栽种 1.5 万株黄瓜，一年半即可收回成本。

三是在科技创新方面加大优质蔬菜品种研发推广力度。寿光蔬菜生产一直走在全国前列，不为人知的是，2010 年前后，寿光菜农每年购买种苗大约需要 6 亿元，其中近 4 亿元被国外公司拿走。种业，是产业健康发展的根基。近年来，种质资源保护与开发利用工程、种业科技创新工程、现代种业人才培养工程等在寿光启动。中国农业科学院、中国农业大学等 10 多家国家级种业研发平台或实验室在寿光落地。寿光从事蔬菜育苗的单位发展到 300 多家，种苗年繁育能力达到 17 亿株，国产蔬菜品种占有率在 70% 以上，让蔬菜种子真正实现了"寿光造"。另外，寿光市推进"沃土工程"，大力推广水肥一体化、测土配方施肥、以色列精准滴灌等新技术，从产地源头上确保农产品质量。农业科技进步贡献率达到 69%，高于全国 7.5 个百分点。国产蔬菜品种市场占有率提高到现在的 75%。全国蔬菜质量标准中心编制的 5 项蔬菜全产业链标准填补国内空白。

四是充分利用"互联网 + 农业"技术发展智能化大棚。"智慧化"已经成为东斟灌村蔬菜大棚的发展方向①。寿光的蔬菜大棚已经发展到了第七代智能物联网"云棚"，书写了乡村振兴的"寿光样板"。80%的温室大棚应用数字装备，智能放风设备、温湿度监测设备、自动喷雾设备、生物微波能量灌溉机等设施，使农业经营从粗放式、经验式管理向精细化、科学化、智能化管理逐步转换。数字温控、智能雾化、水肥一体等物联网管理技术在近三年的新建大棚中应用率已达100%，帮助新一代菜农实现轻松种菜、精准种菜。寿光大棚是如何玩转高科技的？只见屏幕上显示出土壤湿度、大棚温度、pH值等各项生产数据，发现土壤偏干，于是按下浇灌按钮，自动喷淋系统立马喷出水雾。以前给蔬菜灌溉，都是凭经验或目测土壤干湿，现在通过设备监测，数据更精准，能种出更好的蔬菜。"智慧种菜"改变了农业生产者观念，颠覆了原有的农业生产模式。如今，农民成为体面的职业，年轻人返乡种菜、外出务工者回村种棚成为新时代的一股潮流。在现代农业高新技术试验示范基地，进入8万平方米的智能温室，宛如进入了一座现代化的农业工厂，走廊的显示屏上，实时显示着棚内的各项环境数据，各个机器人在水肥控制、授粉、采摘、分拣、巡检等环节中各司其职，实现了整个温室机器人的集中管控和集中调度。安装云洋芯益农App，就可以提供基于物联网、人工智能、大数据和云计算的解决方案。

5. 以质量安全为根本，加强监管体系建设

一是构建了市、镇、村三级联动监管体系和农产品质量检测结果通报制度。检测手段严格，以前的送检改为高频率、大范围的现场抽检。对不合格的产品零容忍，全部通报到镇街。

二是严格整顿农业投入品和蔬菜交易这两个市场。通过农药经营告知制度和农资实名制等手段，实现问题产品可以快速精准地追根溯源。将农资门店纳入服务平台进行统一监督管理，提高企业的失信成本，同时也加大对相关企业的宣传教育，提升当地农业投入品企业的社会责任意识，让企业不敢失信、不能失信、不愿失信，充分保证农业投入品质量。

三是对违禁农药销售者和使用者都进行了严厉打击。违禁农药不符合国家的安全标准，只能带来短期的经济效益。从长远来看这种不合规格的农药不仅对农产品的质量有一定影响，严重的甚至会影响到土壤，降低地力，不利于对土地的保护。一方面，全市范围内严厉查处违禁农药流动售卖、地下交易行为，一经发现，对销售者和使用者都要从重、从严处罚，坚决杜绝高残留农药的使用。另一方面，政府不断加大生物农药推广使用的扶持力度，对主要的生物农药产品实施财政补贴，引导农民使用生物农药和有机肥料。

四是以"标准化"助力"品牌化"。2018年7月，农业农村部和山东省人民政府联合在寿光建立全国蔬菜质量标准中心，由4名院士领衔的67人组成的专家委员会技术

① 高斌 . 寿光：智能化设备让农业生产迈向"智慧化"[N]. 寿光日报，2021-05-12.

力量,整合中国农业科学院、中国标准化研究院、华中农业大学等科研院所资源,以蔬菜全产业链标准为突破口,集成 2 369 条蔬菜产业链相关标准,形成了 14 大类、182 个品类的蔬菜标准数据库。全面整合各类蔬菜质量标准资源,编制完成了 37 种蔬菜的 54 项生产技术规程,番茄、黄瓜、辣椒、茄子、西葫芦 5 项全产业链行业标准、14 项山东省地方标准和 19 项团体标准成功发布,总结提炼"寿光标准",初步形成了在全国可复制能推广的标准化模式,引领蔬菜产业向标准化、优质化、品牌化发展。2019 年,"寿光蔬菜"成功注册为地理标志保护集体商标;2020 年,寿光蔬菜产业集群被确定为全国首批 50 个特色农产品优势产业集群。围绕"寿光蔬菜"区域公用品牌和预制菜相关标准,制定发布《"寿光蔬菜"区域公用品牌管理规范》《寿光蔬菜全程品质管控通用技术要求》《预制菜良好操作规范鲜切蔬菜》《预制菜质量要求鲜切蔬菜》4 项团体标准。"寿光蔬菜"成为品质代名词。"寿光模式"在全国 26 个省份落地开花,常年有 8 000 多名技术人员在各地指导蔬菜生产,让农民看到了土地带来的切切实实的财富,与乡村振兴总要求越来越契合[①]。中国(寿光)国际蔬菜科技博览会(简称菜博会)作为国家 AAAAA 级专业展会,致力于服务"三农",助力乡村振兴,在国内外农业领域具有广泛影响力。菜博会拥有近 2 000 个室内外生产资料展位和农产品展位,"寿光菜博会"微信公众号、抖音号、网站等自媒体平台,依托流量资源,整合地展实景、技术模式、展商信息和技术服务等内容,搭建起面向农户、农技专家、农资企业和消费者的综合型农业服务平台。

2019 年寿光菜博会场景

---

① 王秀慧."寿光模式"助力乡村振兴 [EB/OL]. 齐鲁网,2022-05-26.

四、广东、山东农业创新模式的解读

用产业思维发展农业，更加注重依靠科技的力量，强化数字赋能农业产业发展，是广东、山东农业创新模式的共同核心观点。

乡村振兴是包括产业振兴、人才振兴、文化振兴、生态振兴、组织振兴的全面振兴，其中要把产业发展摆在突出的位置。当前，农业已经发展到以数字化为特征的 3.0 时代，亟须强化产业组织理念，运用现代科技和工业成果装备农业，提高农业创新力、竞争力、全要素生产率。在产业生态上，按照"紧盯前沿、打造生态、沿链聚合、集群发展"产业组织理念，延伸产业链、贯通供应链、提升价值链，打造未来农业新形态、新业态。在产业驱动上，打通"产业互联网＋消费互联网"全链路，给乡村产业发展植入"智慧大脑"。而通过数字化为农业产业赋能，在乡村产业振兴过程中起到重要作用。

山东省寿光市是农业供给侧结构性改革的引领者，其中蔬菜大棚"两改"是对发展品质农业的进一步推进，对乡村发展大棚经济和蔬菜种植产业提供了很好的示范作用。广东省建设数字农业、推动乡村振兴，对于指导未来农业农村发展有着重要意义。广东、山东农业创新模式的启示如下。

（一）农业产业发展要通过政策引导解决经营难题

一方面，政府通过供给侧结构性改革项目，既能调动起本地农民的积极性，也能吸引离开乡村的村民返乡创业。如今在寿光，中青年已成为种菜管棚的主力军，加快了寿光蔬菜产业新旧动能转换的进程。正是这些有文化、懂技术、会经营的新农人投身蔬菜产业，才让新技术、新品种、新设施得到更快速的推广[①]。另一方面，政府对于供给侧结构性改革的实施项目，要给予资金支持和融资方面的政策倾斜。广东引入互联网银行，持续深化数字普惠金融，村振兴带头人、有标杆示范作用的农民将获得全年免息贷款。蚂蚁集团发起的网商银行数据显示，广东省超 800 万小微企业及农户已获得数字贷款，位列全国第一[②]。山东与地方金融企业协商创新金融支农手段，给农户提供信贷扶持，协调农村商业银行、农业银行对申请贷款农户统一给予优惠利率。寿光市坚持以组织振兴撬动乡村振兴，对致富带头人和农村党组织书记开展培训，通过驻村摸底、到村宣传、组织菜农参观学习等方式，提升农村发展带头人的水平。广东组织互联网平台和互联网营销讲师开展互联网技能培训，帮助农民掌握互联网销售、店铺运营、物流配送处理等数字技能，建设数字农业人才队伍。

---

① 杨国胜，石如宽，任杰．新农人，新思路，托起寿光乡村振兴新希望　中青年成大棚种植主力军 [N]．大众日报，2021-02-18（07）．

② 陈晨．全年免息！广东数字金融持续深化：省农业农村厅联合网商银行支持乡村带头人 [EB/OL]．中国农网，2021-11-05．

（二）通过创新土地流转模式激活土地资源

目前土地碎片化经营制约了大部分地区的农业规模化发展，现行的流转方式不能加快土地流转。寿光创新的土地流转方式有：政府中间担保跨区域整体进行土地流转，村委牵头统一调整土地、统一协商定价、统一招标建设、统一合理分配进行流转，利用村集体腾余土地统一规划建设高标准、现代化的蔬菜大棚园区，这三种流转方式都十分值得借鉴。寿光市双王城生态经济发展中心寇家坞四村长期存在想种地的嫌地少、不想种地的怕地荒的"人地矛盾"。村党支部牵头成立新迈粮食专业合作社，将 2 120 亩土地统一流转，交由种粮大户经营。村民拿到了"土地分红＋务工收入"两份收益，每年人均分红 3 700 元，村集体年增收 130 万元。2019 年，广东出台《关于加快推进农村承包土地经营权流转的意见》，要求发展多种形式的农业适度规模经营。广东土地资源实现数字化，并依托土流网平台，使闲置土地资源在全国和全网挂牌、流通、竞价，进一步增强了农业产业发展活力。据韶关南雄市农村产权交易中心消息，该市农村产权交易中心还在镇、村相应建设了土地流转服务站点，形成了覆盖市、镇、村三级的农村土地流转交易市场体系，解决全市土地碎片化问题。截至 2021 年 4 月，通过中心成交的土地经营权流转 14 笔，面积 4 900 余亩。

（三）通过"联合社＋合作社＋农户"的生产服务体系和数字农业转型升级，推进农业向精细化、科学化、智能化管理逐步转换

寿光通过实行"联合社＋合作社＋农户"生产服务体系，统一提供测土配方施肥、良种良法、农业技术指导等全程服务，使生产过程标准化。这种模式解决了农业布局分散、配套服务不足的问题。农业大棚向巨型"农业车间"的新型蔬菜大棚转型，这样既提升了农业自动化水平，又推动了涉农工业及运输、仓储、旅游等产业融合发展，提高农业综合效益。充分利用"互联网＋农业"技术发展智能化大棚，使农业的价值正在被数字技术重塑。另外，种植有标准，管理靠数据，模式可复制的寿光模式，引导全国蔬菜标准化、规范化。在加快数字农业发展中，广东彰显农业质量变革、效率变革和动力变革的必由之路。一直以来，广东省同样面临着省内各区域发展不平衡的问题，城市居民与农村居民在拥有和使用信息技术方面的差距，带来了"城乡数字鸿沟"，使得农村居民通过数字手段获取信息、增长知识的难度增大，导致进一步拉大城乡经济差距。《2022 年广东省数字经济工作要点》指出，发展数字农业，围绕"三个创建、八个培育"，实施数字农业农村发展行动计划。广东推动数字农业"八个一批"培育内容包括[①]：一是建设一批数字农业现代农业园区。以国家级和省级现代农业产业园为重点，促进园区信息化建设，实现数字农业产业聚集。二是推动一批"一村一品、一镇一业"建云网、上云网。扶持和培育广东菠萝、荔枝、火龙果、兰花、丝苗米、柑橘等重点产

---

① 广东省农业农村厅. 关于印发《广东数字农业农村发展行动计划（2020–2025 年）》的通知（粤农农〔2020〕157 号）[EB/OL]. 广东省农业农村厅网，2020–06–01.

业建云网平台，引导农业企业数据和应用系统向云网迁移。三是培育一批数字农业科技示范创新团队。充分发挥广州作为国家现代农业产业科技创新中心的作用，加强数字农业理论研究，建设创新创业示范基地、成果展示平台和数据中心。四是培育一批数字农业重大项目。包含农业大数据、农业物联网、品牌农业区块链、农产品质量安全溯源管理平台、农村电商、数字化新型农业等建设项目。五是培育一批数字农业示范龙头企业。建立基于区块链的示范企业管理平台，优先资助国家级、省级龙头企业。六是培育一批数字农业农民合作社。建设监测监管平台，实现动态监测、精准指导、信息共享，推动合作社向精细化、标准化管理转变。加强农业农村数字化、集成化发展，提高农业农村数字化管理应用水平。七是培育一批数字农业新农民。建立新型数字农民学习平台，开展农业数字化技能培训，提升新型数字农民质量。加强政策扶持，引培农业农村数字化复合型人才。将人才引进和人才自主培养相结合，通过实践锻炼、技能培训、学历教育等方式改善现阶段的农业农村人力资源问题。八是推广一批数字农业重大应用场景（模式）。从全省范围内遴选数字农业应用好场景（模式），组织开展数字农业宣传推广，营造数字农业发展的良好氛围。创新打造系列数字农业应用场景，持续打造智慧种植、智慧水产、高效加工、智慧仓储、网络营销等全产业链数字化应用场景，进一步加快数字农业建设应用步伐，点面结合地推进农业产业数字化转型。充分发挥电商进农村综合示范县的示范引领作用，组织优秀示范县进行产品和业务对接，扩大农产品线上销售渠道。

（四）以全产业链思维驱动，打造农业全程精准化、智能化、智慧化

2022年1月，中央网信办等部门联合发布《数字乡村发展行动计划（2022—2025年）》，对"十四五"规划时期数字乡村发展作出部署安排，其中把智慧农业创新发展行动作为重点任务。随着当前"互联网+"发展，特色产业+电商直播成为乡村振兴大热话题。比如："寻鲜中国好农货""京东农特产购物节"，互联网电商平台的助农直播等公益助农活动，给予"三农"板块流量倾斜，……拼××已连接1 600万农户及近9亿消费者，2019年农（副）产品成交额达1 364亿元，成为国内最大的农产品上行平台。商务部数据显示，2022年上半年，全国农村网络零售额达9 759.3亿元，同比增长2.5%。其中，农村实物商品网络零售额为8 904.4亿元，增长3.6%。全国农产品网络零售额为2 506.7亿元，同比增长11.2%。广东围绕全省现代农业产业园优势主导产业，以搭建农业数字化服务平台为核心，纵向联通农业生产、加工、物流、追溯等全产业链关键环节，横向涵盖粮食、蔬菜、岭南水果、畜禽等主要产业，打通农业园区发展的数据通道。广东集聚重要资源要素，培育数字农业社会组织，搭建广州增城精准种植、湛江水产养殖、江门科创园5G智慧农业试验区建设，鼓励引导非农企业、数字技术产学研机构进驻，打造"5G数字农业硅谷"。这些平台经济正在显著改造旧有的农产品生产方式和销售方式。广东数字农业"三创建、八培育"的提出，是平台思维，更是生

态思维。在这种思维引导下，广东立足自身五大数字农业的资源优势、市场优势、科技优势、发展环境优势和创业创新浓厚氛围优势，通过大数据、云计算和分布式人工智能技术，将分散的农业产能和分散的农产品需求在"云端"拼在一起，基于开拓性的"农地云拼"体系带动农产品大规模上行，让农产品突破传统流通模式的限制，直连全国大市场。数字赋能农业从生产到消费的全产业链，将会在一定程度上影响土地、资金、人员、技术、数据等生产要素的配置，成为农村新生产力的重要组成部分。让农民共享数字红利，在很短的时间内推动了一批传统农业企业走进数字经济，推动广东数字农业创新创业、百花齐放，壮大数字农业主力军，激发数字农业发展的内生动力。农业数字化的涓涓细流，已经汇聚成消解城乡之间不平衡发展壁垒的澎湃力量。

【案例2】浙江安吉竹产业的升级迭代策略

安吉县位于浙江省西北部，境内"七山一水两分田"，是"两山"理念诞生地。安吉盛产竹子，"世界竹子看中国，中国竹子看安吉"，安吉是全国著名的"中国竹乡"。安吉有竹林面积101.1万亩，占全县林地面积的49.9%；其中，毛竹林面积87.6万亩，居全国县（市、区）第2位，蓄积量1.7亿株、年采伐量3 000万株，均列全国第一。安吉成为新时代浙江县域践行"两山"理念综合改革创新试验区。

安吉因竹而富，因竹而灵。安吉独特的竹产业，正是该区域践行绿色发展理念的"密码"。重视绿色生态的安吉素来以"椅、竹、茶"三大产业闻名，其椅业更是出众。2016年，安吉椅、竹精品在杭州二十国集团（G20）峰会主要活动场所实现全覆盖，从主会场到宴会厅，从贵宾厅到休息吧，涉及会议用椅、餐椅、沙发、午宴椅、会议桌椅等近50款共8 000多件（套）。

安吉竹产业经由40多年的发展，实现了从原来卖原竹到进原竹、从用竹竿到用全竹、从物理利用到生化利用、从单纯加工到链式经营的4次跨越。长在山上竹成景，藏在土里笋变金，砍下山来成为宝，竹叶做饮料，竹竿做地板，竹根做根雕，可谓"吃干榨净"，生态经济化和经济生态化的效益跨越增长。

安吉经过不懈发展，已经形成竹质结构材、竹质装饰材、竹日用品、竹纤维产品、竹质生物制品、竹木机械、竹工艺品、竹笋食品等八大系列3 000多个品种的产品格局。基本形成了以孝丰镇、经济开发区（递铺镇）、天荒坪镇三大区域所组成空间格局。无论竹林培育、竹产品加工还是竹旅游资源的开发，安吉都走在全国乃至世界的前列。

在安吉，因竹而生的家具及竹木制品业占据实体经济主导地位，竞争优势独特，对该县从生态立县到生态强县的转变具有支撑作用。安吉依托良好的生态环境和区位优势，深入践行绿色发展理念，初步构建了包括生态旅居、绿色家居两大优势产业以及生命健康、高端装备、电子信息、新材料、通用航空五大新兴产业的"2+5"现代产业体系。安吉竹产业以全国1.8%的立竹量创造了全国10%的竹业产值，水平仍处于先进行列。其中，竹地板工业化生产程度最高，年产2 000万平方米，占国内产量的50%以上，2006年被授予"中国竹地板之都"称号；竹凉席占据了30%的国内市场；椅业产业占国内市场的 1/3、占全国椅业出口量的 1/2。

一、竹产业升级迭代的策略

1. 研发与设计赋能，打造产业价值链高地

安吉家具企业过去在参加国外家具大型展会时，会因为自身专利底蕴以及对外影响力不足，受到不公正待遇。无论从自身发展角度还是从形成区域性品牌概念出发，科技创新已成为安吉家具企业的共识。

竹产业作为安吉县传统产业、优势产业，在日新月异的市场中找寻新的发展机遇是全县关注的话题。以工艺技术改造提升为路径，积极探索竹质生物制品的广泛应用。自 2017 年以来，浙江佶竹生物科技有限公司从竹制炭、活性炭再到高端柱状活性炭实现产业"三级跳"，它的成长性也得到市场的认可。该公司销售额每年以三倍的速度增长，产值已有 5 000 余万元。近年来，安吉县坚持创新赋能产业发展，产品新业态新模式不断涌现。浙江永裕竹业服份有限公司（简称永裕公司）做好竹材与新型材料的结合文章，依托竹子、混凝土材料的各自优势来形成一种桁架受力模式，将竹建筑成功嵌入书店、酒吧、音乐厅、主题会所等多个场景中，形成年耗竹材 5 万立方米的能力，销售额每年保持 5 000 万元以上。2020 年 4 月，峰晖竹木二期项目竣工，企业率先研发生产竹制一次性环保餐具。安吉推进竹产业智能化、绿色化、规模化、高效发展，逐步形成绿色发展新动能[①]。

永裕公司的竹产业生态博览馆里，有外形美观、坚固耐用、低碳环保的竹地板、竹装饰材、竹家具，集舒适、抗菌、环保于一体的竹纤维纺织品等，展示了安吉竹产业一路走来的发展历程，以及安吉竹产业在研发、设计上做出的迭代创新。

工业设计是先进制造业发展的先导，在产业链中占有重要地位。近年来，安吉高度重视工业设计发展，大力推动企业开展自主设计创新，形成了良好的工业设计发展氛围。

永裕公司特别重视新产品开发，不断淘汰科技含量低、附加值低的产品，并和相关院校建立产学研科技合作，先后设立了省级院士专家工作站、省级博士后工作站和省级企业技术中心。永裕公司利用现代科技把竹的利用从竹地板延伸至竹墙面、竹家具以及一系列的竹制家居产品上，提出了"全竹空间"的家居新概念，以更加完整、自然的装饰风格描绘出现代人居对空间和低碳生活的想象，产品曾亮相北京奥运会、上海世博会、杭州 G20 峰会。

设计与科技的魔力同样体现在椅业这一安吉第一大支柱产业上。为了实现"一提到座椅就想到永艺"的目标，浙江永艺家具有限公司（简称永艺公司）投入 6 000 万元重

---

① 林泽宇. 创新赋能产业发展 安吉竹产业新产品新业态新模式不断涌现 [EB/OL]. 浙江新闻网，2021-01-28.

金引进全自动化生产线，使制作一把椅子的时间从 3 分钟缩短到 8 秒钟。永艺公司建立了健康坐具研究院，与国内外知名设计师、高校开展了合作。截至 2018 年，永艺公司累计申请了近 600 项专利，达到全球家具企业的领先水平。大康控股有限集团通过市场调查不同身材的消费者在休闲放松状态下的偏好，最终以 1.8 米为分界点，分别设计了着地式和底座式的两款音乐摇椅，还不断根据用户需求，从尺寸、安全性能、材质、音响等方面对产品进行不断的优化。仅 2017 年，这款音乐摇椅销量达到 60 万台，产值达到了 2.5 亿元。2020 年，安吉绿色家居产业实现规上工业总产值 364 亿元。

同时，安吉充分利用设计大赛等平台优势，提高企业设计创新意识，助力企业向微笑曲线两端延伸。2014 年第一届"安吉椅业杯"中国座椅设计大奖赛，收到来自全国的学生及专业设计师的作品 500 余件。2022 年 9 月 2 日，第五届"安吉椅业杯"中国座椅设计大奖赛以"线上直播 + 主题论坛"的形式正式启动，以"坐有未来"为大赛主题，总奖金高达 53.5 万元。一系列设计大赛的成功举办，吸引了大批设计人才和设计团队进驻安吉，提升了产业集群创新能力，有效提升了安吉制造业的整体设计水平。目前安吉有国家级工业设计中心 1 家、省级企业工业设计中心 15 家、市级企业工业设计中心 14 家①。

安吉通过历届大赛的经营，将该大奖赛打造成国际级别的优秀品牌赛事。以赛事论坛为平台，探索全球座椅产业的发展趋势，促进产业集群与时代潮流的同频共振；以赛事为平台，发掘汇聚高端设计人才，吸纳引进行业专家，加速创新设计的成果转化，让科技创新直接有力地赋能产业革新，从而实现从制造到智造的历史性飞跃。随着设计风格的不断创新和技术研发投入的加大，安吉椅业产品由原来单一的转椅生产向椅业系列化方向发展，促进安吉地区座椅产业的跨越式发展，成为产业链配套完善、分工明确、品类丰富的现代产业集群。2020 年，安吉椅业实现销售收入 420 亿元，其中规模以上企业销售收入 297 亿元，占该县规上企业销售收入总额的 40.6%，利税贡献值在全县主要行业中排名第一。2021 年，安吉椅业企业总数达到 1 000 余家，其中规上企业 270 家，亿元以上产值企业达到了 91 家。椅业营业收入超 500 亿元，其中规上企业营业收入 357.5 亿元，占全县规上企业营业收入总额的 35.7%。

安吉加快数字化转型，精益化管理改造，以更加主动的姿态拥抱数字时代，推动企业向智能化、标准化的方向发展。近年共实施智能制造重点项目 30 项，累计完成投资 20 亿元。其中，椅业规上企业人均劳动生产率年均提高 10% 以上。2017 年，列入浙江省级智能制造试点示范项目 1 个、湖州市智能制造试点示范企业 5 个、省市智能化技改重点项目 10 个。推动企业资源云化、管理云化、业务云化，2017 年全县上云企业 900 家，培育省级上云标杆企业 1 家、市级上云标杆企业 10 家。持续实施"标准化 +"行

---

① 方彭依梦. 做大共同富裕蛋糕 湖州安吉工业经济高质量发展 [EB/OL]. 人民网 – 浙江频道，2021–10–29.

动，鼓励行业龙头骨干企业、行业协会等参与起草和制（修）订国家标准、行业标准、"浙江制造"标准，扩大区域品牌影响力。强化企业标准意识，支持龙头企业为主参与制修订国家标准、行业标准，主导制定《摇椅》等 2 项"浙江制造"标准；制定了重竹地板、竹凉席、竹工机械、竹炭等产品的行业或地方标准。在精益求精的品质把控下，永艺办公椅事业中心的"阿尔法"取得发明专利 3 个，实用新型专利 16 个。安吉目前从竹凉席、竹胶板、竹座垫到竹文体、竹工艺品，已经形成由原竹加工到生产成品的一条完整的竹材加工产业链，产业循环利用率高达 100%。

2. 品牌与营销拉动产业集群迈向高质量

在产业微笑曲线的另一高端是品牌与营销。"安吉制造"不断亮相国际盛会，一大波"安吉元素"频繁闪耀国际舞台。安吉县加大竹子现代科技园建设力度，现已建成山川毛竹园区、昆铜毛竹示范区等毛竹现代园区 26 个，建立各类专业合作社 32 家，合作社经营面积近 20 万亩。同时安吉与外省以多种形式合作发展竹产业，直接建立原料基地 500 万亩，带动全国 3 000 万亩竹林资源的开发。抓实园区整体开发，大力引进产业"大好高"项目、科技研发机构，全力培植传统竹产业转型升级的"试验田"。以 2020 年的数据为例，浙江全省竹业实现总产值 532 亿元，其中安吉竹产业产值超过 153 亿元，竹产品出口欧美国家，以及日本、韩国。

椅业区域品牌的知名度和名誉度不断提升就是最好的证明。安吉椅业起步于 20 世纪 80 年代初，经过 40 年的发展，产品从无到有、从小到大、从弱到强，由原来的单一型发展到系列化生产，成为产业链配套完善、分工明确的现代产业集群。2003 年，安吉被中国轻工业联合会、中国家具协会授予"中国椅业之乡"的荣誉称号。

2016 年，安吉县抢抓杭州 G20 峰会重大机遇，密切对接，经过一年多持续跟踪、协调组织，突出企业主体、政府主导，使安吉椅、竹精品在杭州 G20 峰会的主要活动场所实现全覆盖，涉及会议用椅、餐椅、沙发、午宴椅、会议桌椅等近 50 款共 8 000 多件（套）。

2017 年 9 月，大康控股集团有限公司生产的金砖会晤领袖椅、双边会谈椅以及媒体区桌椅、设备等登上了金砖国家领导人厦门会晤舞台。

2021 年 3 月，浙江永裕家居股份有限公司、大康控股集团有限公司、和也健康科技有限公司三大家具企业生产线项目集中开工，总投资约 16 亿元。在安吉县孝丰镇国家安吉竹产业示范园区，浙江永裕家居股份有限公司总投资 12.6 亿元，建设集竹产业领域产、学、研于一体的综合性总部经济项目。和也健康科技有限公司建设年产 250 万套纳米级磁性保健床垫及相关用品生产线；在安吉经济开发区绿色家居产业园，大康控股集团有限公司建设年产 300 万套康背椅、休闲按摩椅、办公家具等家具生产线。

在品牌与营销拉动下，安吉椅业产业集群已经迈上高质量发展的良性轨道。安吉椅业已形成七大系列数千个品种，"安吉椅业"集体商标获"浙江区域名牌"称号，拥有中国驰名商标 7 个、浙江著名商标 13 个、浙江省名牌 7 个、浙江出口名牌 14 个，在境外注册商标 60 余件，被录入《浙江中高端消费新品选录》。

大康控股集团有限公司的发展历程是安吉椅业的进化缩影。第一个阶段只做江浙沪等地区的办公椅；第二个阶段进军国际市场，主推办公椅和健康音乐摇椅；到了第三个阶段，公司的业务拓展到系统型办公家具，先后亮相 2016 年中国杭州 G20 峰会、2017 年金砖国家峰会和 2018 年上合组织青岛峰会。安吉椅业已全面进军并抢占国内外市场，国内市场三分天下有其一。各大椅业企业积极组团参加国内外各大展会，除"安吉椅业形象馆"连续多年亮相广州展、上海展等国际知名展会之外，持续参加科隆、芝加哥、拉斯维加斯、马来西亚等展会，并进入"一带一路"线上的迪拜、澳大利亚等展会。

2020 年，安吉县商务局组织 150 多家企业抱团拥抱风口，利用互联网电商平台进行直播带货。各竹工艺品企业积极顺应时势，让消费者主动参与到产品的设计、制造中来，实施全程定制化服务，高度匹配客户多元化需求。竹制品开展个性化定制，除推出竹扇、竹桌、竹椅之外，还提供茶企、瓷器企业、竹灯企业的配套产品，从单纯提供产品向系统提供整体解决方案转变。

安吉竹产业耀眼光芒的背后，是安吉全面加强区域品牌、行业品牌、产品品牌建设与推广。安吉县自然资源规划局组织 13 家相关竹制品企业参加了 2021 年博鳌国际禁塑产业论坛，推广"以竹代塑"产品。峰晖竹木加快以竹代木、以竹代塑创新步伐，推出了竹餐具、竹收纳盒、竹牙刷、竹吸管等一系列新品。安吉登冠竹木开发有限公司以研发生产绿色、健康、新潮、时尚的竹纤维家纺产品为主导，以倡导"21 世纪绿色、低碳新家园"为理念，努力打造企业品牌形象，培养特色企业文化，使产品逐步进入国际化品牌行列。与意大利著名内衣设计师和拉萨尔服装设计学院合作，打造中国竹纤维内衣内裤专家。"谈竹庄"作为安吉竹产品品牌营销的先行者之一，经过 10 年的努力，实现了厂与牌、产与销的分离，以品牌力创利润最大化的经营模式。

3. 政策激励培育创新生态

安吉县践行"绿水青山就是金山银山"的发展理念，将产业与生态融合发展，呈现出高质量发展的态势，在引导企业自主创新、提升平台服务功能、强化政策导向等方面均成效显著。

"十四五"规划期间，安吉县委、县人民政府将从生态安全的角度，积极出台扶持政策，加快竹林集体林权改革，引导合作社、专业大户、家庭林场参与竹林林地流转，促进竹林规模化、集约化经营。通过财政支持引导规模经营主体，积极开展竹林经营、管护，通过适度的经营干预，维护竹林的健康，促进竹资源的科学利用和生态修复。安吉充分发挥竹产业特有的行业优势，兼顾竹产业生态效益、社会效益和经济效益，建设全产业链有机融合的现代竹产业发展体系，实现生态优势向经济优势转化。经国家林业和草原局认定的国家安吉竹产业示范园区是全国首批、全省唯一的国家级林业产业示范园区。以竹产业为发展主体，以科技研发为发展推力，以产城融合为发展方向，积极推进"中国椅艺小镇"建设，促进中小微企业入园集聚、规范发展。2020年7月，国家安吉竹产业示范园区正式开园建设，目前已建成3.35平方千米，引入竹制品加工企业264家，国家高新技术企业3家，产值近70亿元。

安吉率先开展"两山银行"建设试点，通过对分散零碎的生态资源进行分类调查、规范确权、集中收储和特色转化，着力破解价值难度量、产品难抵押、产品难交易、价值难变现等难题。出台自然资源资产有偿使用、农村闲置农房流转、集体经营性建设用地入市等政策，加快推动资源变资产、资金变股金、农民变股东，让生态资源变得更有"含金量"[①]。

除了竹产业平台建设和政策扶持外，安吉紧密对接千年舟新材料科技集团有限公司、双枪科技股份有限公司、福建和其昌竹业集团、浙江九川竹木股份有限公司等竹产业领军企业，推进产品更新迭代，并积极集聚科教资源，做大人才池，协助当地做好产业创新资源集聚。建成浙江科技学院安吉校区，圆了安吉县的"大学梦"，而后浙江大学、国家林业和草原局竹子研究开发中心等高校院所相继在安吉设立研发基地。持续鼓励企业深化与知名高校院所合作，科技创新平台不断拓展延伸。并安排专项资金用于竹业生产经费与科技经费，促进安吉竹产业化进程，激发产业活力。安吉县组织专家学者围绕安吉县各领域重大问题进行长期跟踪研究，参与产业发展规划研究制定，并建立企业研究院和产业技术联盟等平台，促进产学研协同创新。安吉以"科技支撑生态文明"为建设主题成功入选全国首批52家创新型县（市）建设名单。

安吉坚持促进一、二、三产业统筹发展，建设全产业链有机融合的现代竹产业发展体系。安吉旅游业和美丽乡村建设对竹产业与一、二、三产业融合发展具有重要的促进作用，快速形成以竹林景观为本底的全域旅游，把中国美丽乡村建设作为发展竹林旅游的大平台，通过挖掘竹子生产、科普、文化、碳汇等特色优势，促进竹林观光旅游向养生、度假、体验、康养等新产品、新业态转型，推动竹林景点、农家乐、民宿的井喷式发展。三产服务业又促进竹林下经济、竹旅游产品的开发，促进竹产业深度融合，实现生态优势价值最大化[②]。

二、安吉竹产业升级迭代策略的解读

安吉因竹而美、因竹而名、因竹而强。安吉为"两山"理念发源地，通过发展竹产业特色产业链，走出了一条生态文明发展的特色道路。全县竹产业横跨一、二、三产

① 张科，吴文娟，张少杰.浙江打造生态文明标准化"湖州模式"[J].浙江林业，2021（10）:19.
② 安吉县自然资源和规划局.创新突破 安吉高速发展竹产业[J].浙江林业，2021（9）:30–31.

业，产业链条长、就业辐射面大、增收带动能力强，是该县经济发展的重要支柱和农民增收致富的重要渠道。安吉竹产业发展对于"绿水青山就是金山银山"通道转化具有实践意义，对全国发展山地特色现代经济，实现农民增收、乡村振兴、助推县域经济发展具有导向性作用。安吉用多年实践诠释"绿水青山就是金山银山"，实现从生态禀赋向生态价值的转换，为生态文明和生态经济发展注入新的动力。

安吉得以保持优质自然生态、发展绿色产业，离不开县委、县人民政府充分认识到竹产业发展的重要性，制定了一系列竹产业政策措施，激发产业经济新活力。

1. 改革竹林经营体制机制，实现集约高效新格局

安吉创竹林股份合作经营模式，创新流转合作模式。农民可以以毛竹林权作价出资，合作社统一经营管理，按股权分红、利益共享、风险共担，实现由分散低效变集约规模高效经营转变。出台《关于完善毛竹林经营权流转的意见》，加大县财政流转支持力度，引导培育股份制合作社、家庭林场等新型竹林经营主体，鼓励社会资本、工商资本、龙头企业参与竹林经营。创新生产经营模式，实施毛竹林分类经营管理和定向培育措施。推进生产、供销、信用"三位一体"改革，完善现代农村组织化经营服务体系。组建了"安吉'两山'农林合作社联合社"，吸收317家农林合作社为会员，实现从山头到市场无缝对接的链式服务，有效解决了竹林规模经营融资、销售等难题。2020年，编制了《安吉县竹产业高质量发展实施方案》，安排专项资金用于竹业生产与科研，积极开展竹林经营、管护，对退化抛荒竹林实施低产低效林生态修复，促进安吉竹产业化进程。启动FSC国际森林认证和CFCC竹林经营认证，提升竹林可持续经营水平和竹材价格。优化各项技术措施，做好林业辅助设施建设，建设林区道路，实现全县百万亩政策性林木保险全覆盖，完成毛竹价格指数保险，用占全国1.8%的竹资源，创造了占全国近10%的竹业产值。安吉坚持有为政府和有效市场相统一，发挥"两只手"共同作用，妥善处理政策引导与市场推动之间的关系，推动了竹产业持续健康发展。

2. 以现代林业园区建设为平台，推动竹业三产融合发展

安吉以全产业链的视野，聚焦竹椅、绿色家居等产品，注重供应链、价值链的强链补链工程，着重在具有高附加值的产业微笑曲线两端发力。安吉立足竹林资源，开发从竹凉席、竹胶板、竹座垫到竹文体、竹工艺品的环境友好型产品，目前已经形成由原竹加工到生产成品的一条完整的竹材加工产业链，产业循环利用率高达100%。安吉大力推进竹林下套种杨桐、中药材、菌菇等"立体经营"模式；打造竹休闲养生态旅游，从浙北"农村乐"第一村大溪村到全域旅游，旅游人次、旅游收入年均增幅40%以上。安吉乡村产业不仅集森林生态、林下经济、制造产业、食品产业、旅游产业、文化产业于一体，而且连通了碳汇产业、循环经济产业、减排产业。安吉不断优化现代林业园区资源要素配置，推进"亩均论英雄"改革，通过企业综合效益评价结果的应用，形成正向激励、反向倒逼，促进资源要素向优质企业集中集聚。面对无序竞争，政府部门加快推进集群化转型，实施"双金双高"培育政策，推动龙头企业向总部型、品牌型、高新型发展，带动中小企业加快"专精特新"发展。安吉竹产业创新生态的持续激励，坚持了生态资本与社会资本相统一。生态资本是生态资产中用于进行价值再生产或再创造的部分或全部投入份额。社会资本是指个体或团体之间的关联、互惠性规范，其表现形式有社会网络、信任、权威、行动的共识以及社会道德等方面。社会资本是人与人之间的联系，是人们在社会结构中所处的位置给他们带来的资源。安吉实践证明，生态资本与社会资本可以相互依托、相互促进，生态资本促使粗放型加工企业退出市场，或者自觉加大产业升级投入，从而使生态资源的经济价值放大。

3. 以科技赋能产业迭代，以品牌拓展市场价值

在国家安吉竹产业发展中，科技创新的力量不可或缺。安吉绿色竹产业创新服务综合体在竹产业振兴中扮演越来越重要的角色，为竹产业振兴插上科技翅膀。近年来，由于竹材价格降低、竹林效益不高、竹农积极性不高等因素，竹产业发展走到了转型的关口。安吉组织专家学者参与产业发展规划研究制定，协助当地做好产业创新资源集聚，促进产学研协同创新。《安吉绿色竹产业创新服务综合体项目管理办法（试行）》规范，突出围绕竹产业竞争力提升，加大对共性技术研发、公共服务平台建设、企业创新发展等方面的支持。引入浙江大学竹产业研究院、安吉科技大市场、竹产业相关行业协会等创新资源以及创新服务机构共21家入驻创新服务综合体，为企业提供检验检测、技术研发、创意设计、人才服务、培训交流等多种服务。2021年，安吉绿色竹产业创新服务综合体内服务机构累计服务企业1 278家次，实现产学研合作项目15个、金额达287万元，覆盖企业10家，建立合作联系高校8家。

特色品牌建设是竹产业高质量发展的有机组成部分。品牌通常分为三个方面：理念识别、行为识别和视觉识别。理念识别就是品牌的战略目标、使命和愿景。行为识别就是价值观，是各种经营活动的行动指南。视觉识别就是将理念和行为视觉化，通过标志、包装和广告向大众传播，树立品牌形象。强化市场主体的品牌意识，深挖产品的特色内涵，强化特色品牌质量与效益，是推进乡村产业振兴的重要策略。安吉竹产品品牌建设，一方面着力研发设计，鼓励企业加大研发投入，并通过连续成功举办具有全球影响的产品设计大赛，吸聚创新设计力量，让设计为竹产业赋能、赋值。品牌与标准是产品迭代升级的基础工程，三流企业做产品，二流企业做品牌，一流企业做标准。行业标准的制定赋予产业升级发展新内涵、新动能。安吉先后完成了《纸质电子载带》《重组竹地板》《办公椅》《摇椅》等浙江制造标准的制定，竹产业话语权进一步加强。如参与制定标准让大康控股集团有限公司成为家具细分领域的领跑者。"安吉竹笋""安吉竹林鸡"获得国家农产品地理标志保护产品，培育提升"安吉冬笋"品牌价值。另一方面，着力品牌营销推广，安吉利用上海、广州、义乌等三大专业展会和

国际相关会展，以及举办椅竹产业国际高峰论坛，在企业品牌、区域公共品牌等层面打造品牌影响力，提高知名度，提升美誉度，走出了颇具安吉特色的传统制造业改造提升之路。

安吉竹产业的升级迭代，演示了新时代中国农业、农村生态与产业协调发展的运作轨迹。安吉抓住农民创业和农民增收这个根本着眼点，依靠利用本地的资源优势，拓展农业产品功能，打造全产业链，使整个农业产业附加值得到了最大提升，开拓了乡村产业振兴的新模式，再铸乡村产业振兴的新辉煌。

【案例3】山东日照东夷小镇旅游开发模式

东夷小镇位于山东省日照市，是在文旅融合新趋势下的新型文化休闲类特色街区。东夷小镇主要由渔文化主题岛、民俗文化体验岛、异域文化风情岛和休闲娱乐观光岛四部分组成，目前已完成的渔文化主题岛及民俗文化体验岛占地面积约245亩，建筑面积约6.7万平方米。两处已建成岛屿共有餐饮70余处、客房660间，可同时接待上万人游览并满足1 500余人住宿。小镇突出展现东夷文化与海洋文化主题，将北方传统建筑和渔家民俗院落与旅游度假进行融合。自2018年4月29日试营业以来，东夷小镇取得了巨大成功，开业两个月就接待游客180万人次，截至2018年12月，接待游客数量420万余人次，取得了良好的运营开端，迅速成为山东的网红旅游目的地，先后被评为"全省服务业特色小镇培育单位""放心消费创建小镇"。

一、基本情况

东夷小镇位于日照旅游中心、商业中心、高端居住中心三大交汇地，毗邻日照海洋馆、四季花鸟园、万平口景区、游泳中心、世帆赛基地，此区域是山东省内著名的旅游胜地。

东夷小镇是日照市城市建设投资集团有限公司（简称城投集团）着力打造的旅游拳头项目之一，旨在打造集吃、住、游、购、娱为一体的大型古典建筑群街区，其中以渔文化为背景的主题建筑群，由渔文化馆、渔家雕塑、古船、景观古桥等象征性的建筑物及设施组成；以民俗文化休闲为主题的建筑群，集书院、戏台茶馆等于一体，穿插船文化、陶文化、农民画、茶文化、美食文化等主题建筑。丰富的建筑群落，以古典东方元素驱动时尚活力。

（一）地形地貌

日照市属鲁东丘陵，背山面海，中部高四周底，略向东南倾斜。境内河流纵横，大小山头共4 358座，西部为泰沂山脉系，大多呈东南、西北走向；北部山脉多呈南北和西南、东北走向；中南部有7条互不衔接的山脉，走向各异；东部属胶东丘陵[①]。

---

① 查琳. 日照地区民歌特点与演唱风格研究 [D]. 济南：山东师范大学，2010.

（二）气候条件

日照市属于温带季风气候，四季分明，冬无严寒，夏无酷暑，非常潮湿，台风登陆频繁。年平均气温 12.7℃，年平均湿度 72%，无霜期 223 天，年平均日照 2 533 小时，年平均降水量 874 毫米。空气质量为国家二级标准。

二、东夷小镇的开发特点及模式

（一）主题定位

东夷小镇以大型古典建筑群为基础，将北方传统建筑和渔家民俗院落与旅游度假进行融合，突出展现东夷文化与海洋文化主题。小镇由渔文化主题岛、民俗文化体验岛、异域文化风情岛和休闲娱乐观光岛 4 个岛屿组成。目前已建成的渔文化主题岛（凤仪岛）以原汁原味的海洋文化、渔家文化点题，融合人口集散、服务、传统商业、商业文化体验活动和精品酒店等功能。游客购物街、渔人码头等节点，采用当地民居特色风格，既满足功能所需，又成为独具氛围的景观线。而另外一座建成的民俗文化体验岛（龙栖岛）以渔家、民俗文化为主，沿用传统民居形制和街巷空间，将本土文化融入特色餐饮、客栈之中，打造一个集吃、购、玩、住、游一体的本土化、特色化的活力街区，成为日照人民的"会客厅"和微旅游的聚集地。

（二）业态分布

围绕培育打造旅游新业态，东夷小镇将北方传统建筑风格跟渔家民俗文化相融合，着力打造集餐饮、购物、休闲、娱乐、度假于一体的滨海旅游综合体。其中渔文化主题岛（凤仪岛）主要由主题酒店、购物街、游客集散服务中心、渔家体验店及渔家海草房组成。此岛是主要的餐饮酒店功能区，街面较为宽阔，建筑设计在整体的仿古风格背景下又突出了渔文化主题元素，其中海草房饭店和特色庭院式客栈装饰新颖别致，颇具海边渔家风味。沿街商铺点缀其中，包括日照礼物、货栈、黑陶体验馆、地理标志保护产品直营店等店铺以及桃核雕塑、特色美食花车、泥人、糖画等沿街摊位。

民俗文化主题岛（龙栖岛）则在设置美食街区和民宿客栈的基础上，集中打造了东夷文化、渔文化、陶文化、酒文化 4 个主题展馆与龙神庙、财神殿、六一书院、祈愿阁、戏楼等民俗文化建筑，是主要的特色小吃、民俗体验和市井文化功能区。岛上 3 条核心街道美食街（神农街）、酒吧街（女娲街）、文创街（伏羲街）比邻而居，戏台、茶楼、书院镶嵌其中，给人一种独特的旅游休闲体验。小镇美食类别繁复多样，不仅包括山东省内、日照本地的美食，还汇聚了来自全国各地的特色美食，满足了游客的不同口味和需求。据东夷小镇旅游开发有限公司招商部经理介绍，小镇内部坚持"一店一品"的选商原则，有效避免了产品的同质化问题，保持了旅游产品的特色，提升了产品的竞争力和吸引力。此外，还有手工文创及非遗产品商店，包括日照黑陶、传统木工艺、泥塑、农民画、玉器、素描、绳艺、艺安沙、律动手鼓等，通过手工体验和非遗表演，增加了游客的停留时间，也在一定意义上起到了传承非物质文化遗产的作用。此外，通过日照市古代民俗文化博物馆、抗日战争纪念馆、历代钱币陈列馆、婚庆体验馆等历史文化展馆以及龙神庙、祈愿阁、戏台茶楼、书院等文化建筑，把日照本地的历史文化和民俗文化展现出来，有效地传播与展示了日照特色文化，也为游客提供了良好的互动体验。

综上，东夷小镇通过"特色美食＋客栈""展馆＋祈福""工艺品＋手作""戏台茶楼＋酒吧畅饮"等形式，形成了内容丰富的旅游业态布局。餐饮、民俗、文创、非遗等业态的相互交融给游客带来了全新的休闲购物体验。

三、运营管理

（一）组织架构

东夷小镇由日照市城投集团投资开发建设，下设东夷小镇旅游开发有限公司负责东夷小镇的运营与管理。而日照城投集团与日照市食为天餐饮服务有限公司并行成立日照市德天文化旅游发展有限公司，下设商管部、市场部、出品技术部、工程部等子部门来专门负责东夷小镇美食街区的全面管理和运营。小镇除餐饮外的其他板块（如民宿客栈、酒店、饭店等）则由东夷小镇旅游开发有限公司负责管理。

（二）运营管理模式

东夷小镇采用国有企业统一实施，统一规划、招商、推广和综合经营的开发运营模式。统一规划有助于整体目标的推进，解决因理念偏差而造成的经营混乱；统一招商能够筛选出适合街区发展和经营的商户，剔除与小镇定位不符的业态；统一推广则能够有效整合宣传力量，集中进行品牌宣传和活动推广，从而扩大街区的整体知名度和影响力。

1. 采用政府引导、国有企业开发运营的旅游开发模式

2012年，借棚户区改造政策，日照市人民政府决定将董家滩村整体搬迁，采用"旅游＋旧城改造"模式，在原址建设以东夷文化和海洋文化为主题的东夷小镇，在距原址1.5千米处建设17万平方米的安置住宅。可以说东夷小镇是在日照打造"真正代表日照城市文化特色的旅游目的地"的城市愿景下诞生的，因此当地政府在政策制定、关系协调等方面起到了重要的宏观引导和调控作用，为小镇的开发提供了多方面的支持。

特色街区的开发是一个长期而又缓慢的过程，并不能在短时间内就获得收益回报。为此日照市人民政府将开发权交给了有经验的、实力相对雄厚的日照城投集团，令其负责整个东夷小镇旅游开发的商业化运作。这种方式能够给予企业较大的能动性，按照市场规律进行开发和运营，使得小镇的开发更加灵活。由于美食餐饮街区是东夷小镇的核心板块和主营业务，因此城投集团特地选择了在日照市具有较大影响力和雄厚实力的食为天餐饮集团负责小镇美食街区的运营和管理工作。而在其他环节诸如小镇的建设、装

修、招商、客栈等环节则由城投集团下设的东夷小镇旅游开发有限公司负责。

2. 文化先导、企业市场化的经营模式

东夷小镇的主题定位十分明确，就是要在突出东夷文化和海洋文化的基础上打造集特色餐饮、民俗体验、文化休闲于一体的海滨旅游集散地。小镇秉承"开放、包容、合作、共赢"的经营理念，汇集众多具有工匠精神的商户，依靠传统的技艺展演和文化传承，从多角度、多元素还原生态的市井文化，提升产品的文化内涵，延伸小镇的生命力。按照这样的建设主题和文化定位，城投集团特邀请西安欧亚学院国际食学研究所所长王喜庆老师率领宽喜堂团队对小镇的招商和选商工作进行指导。首先，在开业前策划了寻找"山东108匠"招选商活动，以寻味、寻访、寻源山东守艺人为目的，走访了山东省内多个县市，集结了山东美食、特色小吃、手艺绝活、文创产品、非遗传承等多个行业，通过仔细考察和严格筛选，最终甄选出适合小镇未来发展的优质商户，并分批次举行商户签约仪式。其次，设计团队从"建筑""产品""展现""取乐"的"四维互动"理论出发，对商铺位置、装修设计及街区布局进行指导，力求高度还原包罗万象的滨海之美，致力于营造富有山东文化内涵又不乏时尚休闲的消费体验。在具体的街区布局中，将特色餐饮美食、民俗非遗等店铺布置在美食街；将酒吧、茶室、婚庆体验馆、国医馆及部分客栈放在酒吧一条街；将文创、工艺品、手作等店铺放在文创一条街。通过把业态相同或相似的店铺集中布局到同一条街中不仅便于管理和维护，也能让游客在不同的街巷里收获不一样的感觉。

小镇所有商铺都按照"统一设计装修、统一培训、拎包入驻、收入分成、末位淘汰"的模式招商选商，大到店铺装修，小到桌椅碗筷，都由城投集团统一安排。在运营管理中重点打造联营美食文创业态的"一店一品一产业"的产业链模式，所有业态"货真价实、明码标价、统一品质、统一营销、统一服务、统一管理"，保证项目产品的吸引力和竞争力。小镇采用"联营扣点"的经营模式，即业主无须缴纳固定租金，只要按照二八开的比例将经营收入与城投集团分成即可。"这种风险共担的模式，真让我们减轻了不少压力，再也不用担心交不起房租了。"一家美食店的店主风趣地说。这种"联营扣点"的经营模式能更加有效地对商户进行约束，避免恶性竞争。虽然业主们纷纷对这种盈利模式赞不绝口，不过小镇采取的"末位淘汰"制度也使得商户们在经营时不敢掉以轻心，都一门心思地想把店铺经营好。德天公司市场营销部的员工认为："'联营扣点'模式科学、便于管理，店铺零租金给商户们减轻了不少的压力，打消了他们入驻的顾虑。此外，在运营公司和商户一荣俱荣一损俱损、风险共担的模式下，商户们的配合度会更高，会投入更多的精力，全心全意去经营，况且就算失败了也有退路，出品技术部还会帮助业主们改进产品、更换业态。无论从哪个角度来讲，'联营扣点'的模式都是较为合理和科学的。"

3. 标准化的企业运营管理模式

传统街区商业的管理大多属于放养状态，对商户缺乏统一标准的规范约束。部分商家由于经营理念不当、素质不高等原因容易做出有损街区整体形象的行为，不利于街区的可持续发展。东夷小镇从一开始就重视街区的商业化管理，以标准化的企业运营管理方式对街区商户进行统一、严格的管理。统一的商业化管理主要体现在制定标准化的制度规范和加强标准化的人员培训两方面。首先，公司与商户签订了严格的商业管理合同，对商户的业态范围、人员服装、门店软装、外摆规范、烹饪方式、灶具餐具、展演互动、服务礼仪等都进行了规范。每周小镇内部会组织大联检，由商管部相关人员对商户的卫生、消费、食材、着装等方面进行检查，保障美食街区的食品安全和卫生条件。此外，公司对产品食材安全进行严格把控，每天会由商管部进行随机抽查，对食材质量、卫生化验不合格以及接到顾客投诉的商户进行通报批评、罚款等相应处罚。公司还规定了商业区的经营时间，每天上午9点之前必须开店，晚上9点必须按时关店，离店前要将店铺内部及门前清理干净，断水、断电、断气，由商管部统一查验后商户方可离开。再次，城投集团聘请了专门的物业公司负责小镇的安保和保洁工作，为街区经营活动的顺利开展保驾护航。另一方面，公司对入驻的商户培训也遵循标准化的流程。商户们在2018年4月27日内部试营业前已经进行过一次统一的培训，培训内容包括安全、消防、食品卫生、服务礼仪等方面。由于之后还有其他商户陆续入驻，公司还分批次对新入驻的商户组织了统一培训。在全部商户都经过了一次系统的培训之后，公司还聘请了日照市食品药品监督管理局的有关负责人对商户们进行培训，讲授食品安全、消防、卫生等方面的知识。如果在统一培训中个别商户没有领会要领，理解存在困难，或者培训过后仍不重视，公司会单独对该商户进行讲解和劝说，直到其转变服务意识，提高安全意识为止。对在劝说后仍不遵守规定、一意孤行的商户，公司会进行清退。

综上所述，东夷小镇把精细化管理导入街区的运营维护中，注重细节管理，为广大游客营造既舒适又安全的休闲体验环境，让旅游不仅成为一种生活方式，更成为一种连结情感的纽带。这种以情怀为底色，用商业作手段的经营模式和运营机制为小镇的可持续发展作了良好的铺垫。

（三）营销推广

东夷小镇的线上营销主要依靠东夷美食和日照东夷小镇两个微信公众号来进行推广。其中东夷美食公众号作为订阅号，每天会一条或多条推送小镇资讯，让游客和本地市民可以了解和掌握东夷美食及小镇相关活动信息。而日照东夷小镇公众号则是服务号，重在服务市民游客，每月只发4篇推文。在这个公众号里，游客们可以概览小镇全景，了解吃、住、玩等相关攻略，还可提出投诉和建议。此外，公众号还开通了"微店"，方便游客购买小镇的土特产品及旅游纪念品。两个公众号相辅相成，对东夷小镇的推广起到了巨大的推动作用。

除了在微信公众号进行推广营销，小镇还积极与新闻媒体保持联络，借助媒体宣传小镇的活动信息，以扩大影响力。如在重大节日举办活动时营销部会联系地方媒体，将活动新闻发布在山东省电视台、日照市电视台等平台上，扩大观众的认知度。此外，小镇还邀请了中央电视台 CCTV-10《味道》栏目组的编导和拍摄团队为小镇拍摄纪录片，通过这种形式将日照的特色美食挖掘出来，对日照的历史文化进行追根溯源，将东夷小镇的风采展现给全国人民。

线上营销活动开展得如火如荼，线下活动也必须积极配合。东夷小镇的线下活动种类丰富多样，不论男女老少，在这里都能找到乐趣。东夷小镇运营方力争将日照市内的各种比赛、招商、表彰大会等活动放在小镇举办，借此吸引客流，扩大知名度和影响力。东夷小镇已经承办了多项比赛和活动，诸如"发现日照之美"新闻摄影大赛、"寻味东夷"美食评选活动、日照首届文化旅游美食节暨旅游饭店业烹饪与服务技能大赛、"迎高铁·提质量"旅游行业服务技能大赛等。除了承办外界的活动，小镇内部也会策划和举办许多有趣的活动，主要包括大集活动和节假日活动。大集活动主要是为被取缔的大集商户们提供场所，在小镇的三条主要街道摆集。报名商户需通过德天公司的筛选和比较，取得资格后方可进入赶集。节假日活动种类繁多，每逢节日小镇都会安排活动，包括地方大戏、游客抽奖活动等，活跃小镇的气氛，增加小镇客源，也为无处摆集的商户们提供了一个赶集聚会的场所，实现了经济效益和社会效益的统一。

（四）管理服务

东夷小镇美食街区的运营方秉承以人为本的管理理念，积极维护商户们的权利，帮助商户解决经营上的困难，为经营活动的顺利开展提供保障。德天公司下设不同部门，分别从市场营销、产品改进、服务保障等方面对商户行为负责。商管部负责按照小镇的管理条例对商户行为进行规范和约束，而业主的疑问和难处也可通过商管部反映到公司中去，因此商管部起到了承上启下的作用；市场营销部负责策划各类活动，目的是为小镇吸引客流，增加商户的经济收益；而出品技术部则负责研发和改进产品，帮助商户更换业态，更好地经营下去。

四、东夷小镇开发模式解读

东夷小镇特色街区的开发模式总体来说是比较符合本地实际的，具有一定的可取之处。首先从其开发主体来看，它有别于其他地区完全的政府主导型或企业主导型模式，而是采用"政府+企业"的方式，由地方政府进行引导和调控，保证开发方向的正确性；而由国有企业开展规划、招商、推广、综合经营等工作，能够遵循市场规律，以市场化的运作方式对街区进行经营和管理。其中统一规划有助于顺利地实现总体目标，解决因理念偏差所造成的经营混乱；统一招商能够有效筛选出适合小镇发展的商户，剔除不合适的业态；统一推广则有利于进行整体的品牌营销与推广，进而扩大街区的知名度和影响力。其次，从消费模式来看，东夷小镇特色街区采用"门票免费＋周边消费"的模式，这样可以有效地降低游客成本，提升网点经营业绩。再次，从盈利模式来看，东夷小镇特色街区采用"联营扣点、末位淘汰"的盈利方式，其对商户免除租金的入驻方式能够极大地降低商户的经营成本，提高其入驻的积极性。同时这种风险共担的模式可以提高商户们的配合度，促使其用心经营。最后，从运营管理机制来看，东夷小镇特色街区重点打造联营美食文创业态"一店一品一产业"的产业链模式，所有业态"货真价实、明码标价、统一品质、统一营销、统一服务、统一管理"，保证项目产品的吸引力和竞争力。其标准化的企业管理模式便于对商户进行统一管理，提高管理的科学性和有效性。

尽管东夷小镇的开发和运营模式具有许多可取之处，但任何一种开发模式都不是完美的，或者说都是需要根据实际发展情况去不断调整和改善的。首先，"联营扣点、末位淘汰"的盈利模式是一种开发商与经营者一荣俱荣一损俱损的高风险模式，若经营者经营不善，效益不高，则开发商的利益也会受到损失。其次，末位淘汰机制可能会给商户带来经营压力，引发一些不正当竞争行为。再次，虽然东夷小镇的开发中政府起到了一定的引导与调控作用，但是其开发主体毕竟是企业，在开发的过程中可能会因过度追求经济效益，而忽视社会效益和文化效益，从而造成街区商业氛围过浓、地方文化特色不突出等问题。

旅游开发与管理是一项长期而又复杂的工作，从前期规划到中期建设，再到后期景区投入运营难免会牵扯到多方利益。由于各利益相关者所扮演的角色和地位不同，其利益诉求和追求的目标也不尽相同，因此会形成一个动态的利益博弈过程。在这个过程中各利益相关者会尽最大努力实现自己的利益目标，当自身的利益诉求得不到满足时，就极易引发矛盾和冲突，从而阻碍旅游开发的进程，使旅游目的地的管理工作陷入困境。由此可见，必须构建一种合理的利益协调与均衡机制，促使各利益主体相互协作，相互制衡，实现利益主体的利益优化，最终达到动态平衡。

（一）利益分配机制

基于理性的经济人假设，每个个体都是理性的，即所追求的目标都是使自己的利益最大化。在东夷小镇特色街区的开发中，无论是日照市人民政府、投资方城投集团、运营方德天公司、经营商户、还是旅游者，他们都希望自己的利益目标和诉求得到最大限度的实现和满足。然而，在实际发展中，各个利益主体的地位和关系却是不平等的。政府是公共旅游资源的最大权利人，它为投资方提供投资环境，搭建投资平台，出台利好政策，确保东夷小镇的开发方向。对于投资方城投集团而言，它作为投资者和建设者，掌握着小镇的运营资金，也具有很大的话语权。小镇的运营方德天公司负责街区的整体运营和管理，对经营商户起到很大的约束作用。而对于经营商户来说，其在"联营扣点"的模式下没有太大的经营主动权，很大程度上都是被动接受运营方的安排。旅游者也是如此，虽然其有投诉的权利，但很少有游客会在自己的利益受到侵害时去投诉，为自己争取权益，很大部分游客都是选择吃"哑巴亏"。在这种情况各方利益分配不对等的情况下，就需要建立科学、有效的利益分配机制，遵循"成本共担、收益共享"的基本原则，使资本在政府、投资方、运营方、经营方、旅游者之间达到相对的平衡，确保各利益主体的利益得到足够的重视和维护。

（二）利益表达机制

很多旅游开发管理过程中产生的矛盾和冲突都是利益相关者间缺乏沟通与交流所造成的，各利益主体间的信息不对称和表达渠道不畅通使得自身的利益诉求得不到反馈，存在的疑惑和不满也得不到反映。久而久之，积攒的不满和怨恨情绪愈来愈多，在某个临界点爆发出来，引发冲突。因此，需要组建一个吸引各方代表的利益协调机构，建立一套规范化的利益表达机制，扩大利益主体的反馈渠道，充分听取各利益相关者的意见并将其利益诉求第一时间反馈给有关各方，兼顾多方利益特别是经营商户和旅游者的利益。只有不断完善利益表达机制，为各利益主体搭建一个公平公开、畅所欲言的平台，才能调动不同利益群体参与管理的积极性，激发利益主体间的合作动力。

（三）利益监督与仲裁机制

在东夷小镇的开发与运营中，由于缺乏监督，导致利益主体处于不平衡的状态，可能会产生一定的矛盾。为了更好地化解利益主体间的矛盾，使得各利益主体尽可能地站在平等的位置上进行对话，就应当建立合理有效的监督和仲裁机制，对东夷小镇旅游开发和管理过程中各利益主体的行为进行监督与控制，确保各方利益的实现。具体来讲，应当由日照市人民政府代表、城投集团代表、专家与媒体代表、德天公司代表、社区居民代表及游客代表共同组成监督与仲裁委员会，制定监督与仲裁章程，通过讨论会或其他形式充分听取各方利益诉求，监督各方行为，并对各方提出的有争议的议题进行裁决。通过建立利益监督与仲裁机制，能够有效避免各方行为的越位。同时对于已经出现的不正当行为和不公平现象进行仲裁，可以有效保障各利益主体的利益。

【案例4】贵州推进农村产业革命实践

2018 年以来，贵州在全省范围内开展了一场振兴农村经济的产业革命，奋力推进农村产业结构调整。2018 年，贵州省共调减低效玉米种植 785 万亩，替代种植蔬菜、水果、中药材、茶叶、食用菌等经济作物 667 万亩，推动第一产业增加值增长 6.9%，增幅居全国之首。

到 2019 年底，贵州累计减少贫困人口 892 万人，每年减贫 100 万人以上，减贫人数全国第一。2020 年 11 月 23 日，贵州 66 个贫困县 923 万贫困人口全部脱贫摘帽，标志着脱贫攻坚取得了决定性的胜利。

通过两年多的努力，农村产业革命取得突破性进展。贵州 1 000 多万亩低效作物的调减，贵州茶叶、食用菌、蔬菜、牛羊、特色林业、水果、生猪等 12 个农业特色优势产业实现"裂变式"发展：辣椒产业产销全国第一，茶叶产量稳居全国之首，刺梨、猕猴桃、火龙果等位居全国前列，坝区亩均产值增长 30% 以上，农业增加值增长 5.7%，农民人年均可支配收入突破 1 万元大关[1]。

一、农村产业革命的缘起

贵州是我国唯一没有平原支撑的省份，境内 92.5% 的辖区面积为山地和丘陵，73% 的辖区面积为喀斯特地貌，土地零散破碎。受限于地形地势，玉米曾长期是贵州省农业的"主角"。人们常说"农村祖祖辈辈种玉米的传统、样样都有样样都不成规模"。由于土地贫瘠，水利灌溉条件差，贵州大部分农村地区的玉米种植产量低而不稳定，投入产出率低，对农民脱贫增收的贡献极为有限。2016 年，国家出台《关于"镰刀弯"地区玉米结构调整的指导意见》，提出包括贵州省在内的 13 个省（区）调减玉米种植面积 5 000 万亩。农产品多初加工、粗加工，产业链短、附加值低；农业企业实力较弱，带动力不强，国家级龙头企业数仅占全国的 2.2%。2018 年初，贵州全省还有近 280 万贫困人口，占全国的 8.86%，贫困发生率达 7.7%，比全国水平高 4.6 个百分点[2]。脱贫成

---

① 张伟看脱贫攻坚的"贵州战法"：农村产业革命 [EB/OL]. 中国新闻网，2020–12–07.
② 贵宣. 来一场振兴农村经济的深刻产业革命，看看贵州怎么干！[N]. 农民日报，2019–01–28.

为贵州最为艰巨的政治任务。小而全的农业结构，严重拖累了农民脱贫、农村发展的步伐。

于是，贵州省委、省人民政府提出"来一场振兴农村经济的深刻的产业革命"。以农业供给侧结构性改革为主线，以增加农民收入为主要目标，以500亩以上坝区为主攻方向，全省农业产业结构调整步伐明显加快。

为推动农村产业革命，省委发出号令：各级党委要切实履行"施工队长"职责，牢牢把握好贵州农村产业发展"八要素"，推动产业扶贫和农村产业结构调整取得重大突破[①]。农村产业发展"八要素"，即产业选择、培训农民、技术服务、资金筹措、组织方式、产销对接、利益联结、基层党建。"八要素"成为创新发展方式，构建现代农业体系的"内功"，点燃了贫困群众脱贫致富的希望。贵州省还结合自身实际情况，探索出"政策设计、工作部署、干部培训、督促检查、追责问责"的"五步工作法"，该方法成为精准、管用的"贵州战法"。

2019年初，贵州省建立"一个重点产业、一个工作专班、一个技术团队"工作机制。12位省领导带头抓具体、抓深入，召开专题会、调度会，深入基层调研，强力推动产业发展。在全国聘请7位院士作为产业发展顾问，在省内组织专家组成专业团队，以万名农技干部下基层服务为抓手，对特色优势产业品种开展技术指导。每个产业均制定产业发展推进方案，明确主推品种，从政策、资金、资源等方面集全省之力大力发展。

二、聚焦"八要素"，推进农村产业革命

1. 聚焦"增收"，选准产业调结构

贵州省牢固树立新发展理念，紧扣高质量发展要求，以绿色化、优质化、特色化、品牌化、市场化为导向，以标准化、规模化、集群化为目标，立足资源禀赋、气候条件、产业基础和市场需求等，深入调查研究，突出比较优势，确定着力抓好茶叶、食用菌、蔬菜、生态畜牧业、石斛、水果、竹、中药材、刺梨、生态渔业、油茶、辣椒12个农业特色优势产业，力求在规模化上取得突破，带动群众就地脱贫。

产业选择是首要要素。围绕资源禀赋和市场需求，贵州省从顶层设计上出台了调减玉米种植三年行动方案等一系列政策文件，加快调减玉米等附加值低的农产品。2018年，全省经济作物种植面积占比明显提高，其中蔬菜、水果、中药材、茶叶、食用菌等五大经济作物规模基地，由2017年的3 016个增加到4 208个，增长39.5%。2019年全省种植业增加值增长了8.3%，贵州农业产业正由"粗放量小"转向"集约规模"。2018年和2019年，全省农业增加值和农民年人均可支配收入增速连续两年位居全国前列。

---

① 王敦毅. 牢牢把握"八要素"深化农村产业革命 [N]. 贵州日报，2018-03-30.

　　铜仁市加快调减附加值低、市场潜力不足的传统作物种植面积，2018年完成农业产业结构调整面积206.45万亩，累计调减玉米种植面积79.6万亩。全市粮经比从2017年的42∶58调整到2018年的35∶65。2019年，全市完成结构调整147.64万亩，调减玉米种植20万亩，粮经比调整为32∶68。2018年，铜仁市聚焦发展生态茶、中药材（含铁皮石斛）、生态畜牧业、蔬果（含辣椒）、食用菌、油茶六大主导产业规模，茶叶总面积164.5万亩，其中投产茶园116万亩；茶叶年产量9.23万吨、年产值91.17亿元。中药材在田面积70.05万亩，300亩以上的规模化示范基地达220个，产量10.44万吨、年产值20.1亿元。畜牧业产值102.78亿元，畜牧占比22.5%，排贵州省第二名。蔬菜累计种植面积230.5万亩，年产量326.2万吨、年产值88.6亿元。果园总面积93.54万亩，年产量43.15万吨、年产值22.2亿元。食用菌规模种植3.88亿棒，年产量20万吨、年产值17亿元。油茶全市种植面积92.64万亩，茶油产量0.47万吨。抓好沙子空心李、玉屏黄桃、江口萝卜猪、思南黄牛等"一县一业、一乡一特、一村一品"，推动产业发展从单一环节生产向整产业链延伸转变。2018年，农业产业发展带动铜仁市7.1万户22.5万贫困人口增收。

　　铜仁市江口县以优质水资源为载体，引进生态渔业龙头企业5家，规模养殖场发展到35家，年产鲟鱼3 700吨，渔业总产值1.5亿元。万山区依托山东寿光九丰农业有限公司（简称九丰农业）大棚蔬菜的繁种技术、种植模式、管理理念等优势，走出了一条农村产业革命的"九丰农业+"模式。2018年，万山区全区新建成标准化大棚蔬菜基地50个，覆盖43个村，建设规模达2万余亩，推广食用菌5 000万棒，发展精品水果5万亩，形成了"乡乡有园区、村村有产业、贫困户户户有利益联结"的产业新格局。

　　黔东南苗族侗族自治州（简称黔东南州）从江县稻鱼鸭复合系统是侗族人民世代相传的养殖方式，2011年被联合国粮农组织列为全球重要的农业文化遗产项目。从江高度重视这块"金字招牌"，将加榜、高增等6个乡镇划为核心保护区，县级财政每年安排300万元支持发展稻鱼鸭产业。截至2020年，全县实施稻鱼鸭产业面积达11.56万亩。黔东南州百香果种植面积3.9万亩，年产值达3.9亿元。

　　2019年，贵州省发展稻田生态渔业268.97万亩、湖库生态养殖27.41万亩，实现水产品产量24.36万吨、生态渔业产值57.7亿元；鲟鱼养殖面积达到57.68万平方米、产量1.41万吨，产量升至全国第二。通过生态渔业发展带动14.83万建档立卡贫困人口增收；蔬菜产业带动农户1 449万人，其中带动贫困人口62万人，人均增收4 830元，占当年全省贫困人口的40%，为打赢脱贫攻坚战做出了积极贡献。

　　遵义市实施辣椒"换种工程"，推广面积37.8万亩，示范带动辣椒标准化种植100万亩。通过良种良法配套技术，平均亩产鲜椒提高200千克，亩产值增加600元，椒农增收6亿元。

黔南州惠水县的佛手瓜，从 1 个村 50 户发展到 41 个村 1.43 万户，种植规模从 100 亩扩大到 5.2 万亩，产业规模和产值增长 500 多倍。

贵州省对产业品种进行再比较、再优化，聚焦优势，加快扩大规模、提质增效。到 2021 年，全省果园面积 760 万亩，产量 420 万吨，产值超过 250 亿元。其中，猕猴桃、火龙果、百香果、蓝莓、地方名李、特色樱桃六大树种规模在全国处于领先地位。食用菌生产进入全国第一梯队。贵州茶园面积稳定在 700 万亩，产量有 43.6 万吨，2020 年上半年，在新型冠状病毒感染的影响下，贵州省蔬菜、食用菌、辣椒、中药材、水果等产量不减反增，"黔货出山"销售农产品收入 205.7 亿元，全省农业增加值增长 5.5%，就是优化种养品种结构带来的收获。

农村产业革命是充分开发农业多种功能，让一产"接二连三"，衍生更多效益，得到的就是一个乘数效应。贵州大幅提升农产品加工转化率，壮大一批食品加工骨干企业，配套发展清洗、分拣、包装、饲料、屠宰、分割、冷链、仓储、运输等产业，推动农业"接二连三"融合发展，从种养向初加工、精深加工延伸，形成更多新的增长点，既能提升农产品附加值，又能提供更多的就业岗位，实现以产业促就业。

六盘水市是"中国野生刺梨之乡"，刺梨种植面积达 120 余万亩，建成贵州宏财聚农投资有限责任公司、贵州天刺力食品科技有限公司、贵州黔洲实业有限公司等 6 个加工企业，年加工能力达 68 万吨。建立完善"平台公司＋加工企业＋合作社＋贫困户"的利益联结机制，确保刺梨鲜果全部保底收购（4 元/千克），进一步带动农民增收致富。2019 年，全市刺梨综合产值 6 亿元以上，共带动 20.98 万户农户 68.97 万人增收致富，户均增收 2 600 元以上。

位于习水县大安工业园区的黔北麻羊中央厨房，通过采取"养殖基地＋加工基地＋加盟连锁"的发展模式，中央厨房生产的羊肉产品销往北京、上海、广州等全国各地，每年在这里加工、销售的黔北麻羊就有 10 多万只。12 个黔北麻羊养殖农民专业合作社，带动 2 390 户建档立卡贫困户年均增收 20 000 元。

五福坊作为贵州最大的肉制品加工厂，上游与富之源等养殖场合作，年屠宰生猪近 20 万头，带动近千户农户养殖生猪。销售端构建了直营连锁专卖店＋商超＋经销商＋电商有机结合的销售网络体系，线下渠道遍布全省，成了贵州"黔货出山"的一张靓丽名片。

充分开发农业多种功能。推动农业与文化、旅游、教育、体育、卫生健康等深度融合，发展山地旅游、度假康养、农耕体验等新业态。随着贵州旅游业的持续井喷，涌进的"贵客"将不断品尝到山珍美味，并"带货回家"。

2. 聚焦"技术"，加强培训提素质

农民是振兴农村经济的主体。贵州立足产业发展实际、脱贫实际，围绕"农民缺什么学什么，需要什么教什么"，通过新时代农民讲习所等平台，对种养殖大户、农民专业合作社骨干、农业龙头企业带头人等开展轮训。2018年12月，省农业农村厅组织相关专家、学者根据贵州省实际，结合贵州省农村产业革命重点发展的茶叶、蔬菜、水果、食用菌、中药材、生态家禽等六大产业，编写了《推进农村产业革命系列培训学习读本》。2018年，累计培训新型农业经营主体带头人8000余人，培训贫困村创业致富带头人13 069人。确定国家级示范基地3个、省级培育基地5个、县级培育机构124个、农民田间学校81个，让"庄稼汉"变为"新农民"。

抓好乡村干部培训，是打通服务群众"最后一公里"的重要保障。2018年以来，贵州省坚持分级分类原则，对各级党政领导干部、部门行业干部、扶贫系统干部、帮扶干部、第一书记和驻村干部、乡村干部等五类对象开展全员培训。按照"干什么、训什么"的要求，通过新时代学习大讲堂，组织全省干部、党员学习脱贫攻坚领域产业政策知识，把项目实施、资金使用、种养殖技术等搬上新时代学习大讲堂。2018年，全省共举办新时代前沿知识专题讲座12期、业务知识专题讲座132期，培训干部470万余人次。

贵州农村产业革命技术学习读本系列

2019年3月，贵州省委组织部和省农业农村厅共同在贵阳举办全省农村产业革命专题培训班，对象为全省范围内抓产业革命落实的干部。行业专家对500亩以上坝区建设、种养业产业发展、绿色产业发展基金申报、农产品销售等内容进行授课。参训人员争取在有限的时间里，让自己有更多的收获。

2019年8月，全省"村社合一"助推农村产业革命培训班开班，旨在通过邀请省内先进村支书讲授"村社合一"的经验做法和具体方法，推动全省"村社合一"工作，推广"龙头企业＋合作社＋农户"模式，强化利益联结，让脱贫攻坚的主动权、制胜权牢牢掌握在各级党组织手中，确保按时打赢脱贫攻坚战。

按照"缺什么、补什么"的原则，结合省委"冬季充电"部署和农民培训需求，各市县通过实施"春晖""雁归""雨露"等项目，对有劳动能力的农民进行分批次、有针对性的培训；组织拍摄农业特色产业发展教学视频，在贵州广电网络"新时代学习大讲堂"电视专区开设"农民培训"专栏，组织农民收看学习，帮助农民熟悉扶贫政策、学会种养技术。对农民实施"菜单式"技能培训，确保不漏一户、不落一人，保障一户贫困户至少有一人掌握一项就业技能。

2019年，铜仁市围绕扶贫产业的引苗、播种、剪枝、供水、施肥、病虫防治、日常管护等重点内容，通过"田间讲堂""乡村夜话""专题讲堂""流动课堂"多种方式开展技术指导培训，组织开展了"铜仁珍珠花生"地理标志生产技术培训会、辣椒产业技术培训会、绿色稻＋创新实验培训会等2 197次（期），培训7.04万人（次），其中贫困人口4.25万人。真正实现了农户强技能、增本领、提素养。

3. 聚焦"服务"，转变作风提效率

技术服务，是贵州农村产业革命"八要素"的重要环节，贵州省组建8个产业扶贫指导工作组，长期驻扎市县督导工作。

2018年1月，贵州省启动实施新一轮万名农业专家服务"三农"行动，组织9 443名农业专家到乡村开展"订单服务"和"集中会诊"，覆盖全省66个重点贫困县、20个极贫乡镇和2 760个深度贫困村。确保每个深度贫困县都有1支专家团队，每个极贫乡（镇）有1名以上的科技副职或科技特派员，每个深度贫困村都有1名以上的农业辅导员，确保专家找得到群众、群众找得到专家。专家"面对面"服务、"一对一"指导基层单位亟须解决的关键技术难题、重点科研项目等，取得了良好的成效，有效带动农村经济发展。

作为产业扶贫的一项支撑性举措，技术服务必须有一支本领过硬、作风扎实的人才队伍作为保障，科技特派员正是这支队伍里的中坚力量。这些选派的科技特派员，以省内外普通高校、科研院所、农技和林技服务部门等科技人员为主，每名科技特派员定点服务1～2个乡镇或产业连片区，重点开展产业技术指导服务、品种技术引进推广、技术瓶颈攻关、本土人才培养帮带、农业产业功能拓展。通过专题培训、现场讲解、示范服务、结对帮带等方式，加强对当地农技人员、青年农民、致富能手等的教育培训，帮带培养本土年轻技术能手。

贵州大学蔬菜团队、贵州省科技特派员专家团队在威宁、沿河、榕江、从江、紫云等地开展技术服务，编制产业发展规划，建立了标准化技术核心示范基地4个，产值约2亿元；农民流转土地固定分红1 380万元，带动农户1 300户6 062人，其中，建档立卡贫困户464户2 192人；务工分红6 336万元，减贫效果显著。他们是农民心中的"科技明星"，通过提高科技服务水平，助推农业产业高质量发展，实现科技兴农。他们把技术从实验室带到了田间地头，让技术长在了泥土里，把论文写在了土地里。人才下沉、科技下乡、服务"三农"，贵州科技特派员为农村产业革命注入了强大活力。党的十八大以来，贵州省每年选派1 000余名省级科技特派员赴贫困地区开展技术服务，助力全省脱贫攻坚工作和农村产业发展。贵州科技特派员制度创新选派机制，以需求侧问题为导向，采用双向选择模式，让帮扶地区根据产业发展需求，选择专业适合的专家，将市（州）级以上专业技术人员调整为县级以上，扩大了专业技术人员选派范围。2020年，省科技厅围绕农村产业革命和决胜脱贫攻坚任务，以贫困村和样板坝区、达标坝区为服务重点，选派1 235名科技特派员赴基层开展技术服务。

据不完全统计，近年来，贵州科技特派员累计帮助各地制定产业发展规划8 000余个，帮助指导项目实施4 000余个；举办农业技术座谈会和培训会5万余场次，培养农村实用人才近20万人次，培养致富带头人和科技二传手5.5万余人；推广农作物新品种2 000余个、农业新技术2万余项，科技人才下沉，聚焦农村产业革命、精准支撑脱贫攻坚的成效不断显现[①]。

2020年新型冠状病毒感染时期，正是春耕备耕的农忙时节，专家无法及时前往田间地头帮扶指导。贵州大学和全省的媒体平台上线了"'溪山春雨'贵大助农云课堂"，12个产业的技术团队专家纷纷将茶园管理、山药栽培、肉羊养殖、黄精栽培、核桃管理等产业技术要点详细罗列，借助网络"云"端把50篇技术"宝典"展示给农户。"云课堂"一经发布，点击量迅速突破60万。2020年2月初，贵州大学在省内各大媒体上详细公布专家的姓名、电话、专业，只要农户有需要，随时随地可以通过电话咨询。专家电话一公开，立即成了"百姓热线"，专家团的每个老师每天平均接到二三十个咨询电话。

组织全省干部职工深入田间地头，切实当好产业结构调整政策措施的"政策解读员"，让强农惠农政策"春风"不断传遍大地。整合用好科技副职、科技特派员、农业辅导员、第一书记、驻村干部等"三农"服务力量，深入基层一线，实实在在发挥专业特色，谋划好、指导好地方产业发展，让结构调整政策进村入户、家喻户晓，让农民想调整、稳得住、有效益。

---

① 张凌．贵州科技特派员沉基层助脱贫 [EB/OL].贵州省人民政府网，2020-10-10.

省商务厅组建了贵州绿色农产品促销专班和商务攻坚梯队，建立了省、市、县三级农产品产销调度机制，全省激活农村电商发展潜力，推动电商服务站点整合，提升电商运营中心服务能力。搭建出口农产品资源信息共享平台，利用电商、网络直播等平台，拓宽农产品销售渠道。截至 2019 年 9 月，开展 38 期农村经纪人培训，累计培训超过 2 500 人，提升产销对接本领，持续壮大职业农民和农村经纪人队伍。

铜仁市制定出台了《聚集科技力量打赢脱贫攻坚战三年行动实施意见》，建立科技特派员与贫困村结对服务关系。推进农业服务体系建设，以市为单位，围绕六大产业组建 6 个产业扶贫科学技术专家组，以区县为单位建立 6 个产业扶贫科学技术服务团，以贫困乡镇为单位派驻 1 个产业扶贫科学技术服务队，选派科技特派员和农业辅导员，重点为贫困村、贫困户提供技术服务，鼓励市内高校、职业院校、科研院所等事业单位专业技术人员利用自己的科技成果到贫困县入股创办农业科技企业。2018 年组建了 11 个 "三农专家服务团"，统筹相关专家 2 709 余人，对 268 个深度贫困村开展 "集中会诊"。建立了贫困户产业发展指导员制度，以村为单位，综合设置 1 ~ 2 名产业指导员。全市共组建各类产业技术服务团队 1 672 个，参与技术服务团队农业技术人员 11 314 人。比如：思南县探索开展 "人才 + 基地 + 经营主体 +" 产业发展精准服务，组建 "思南县产业发展技术服务人才库" 服务 "三农"，涌现了一批优秀专家。

在人才下沉、技术服务促进下，2018 年以来，贵州省 12 个农业特色优势产业稳住了大批农村劳动力留乡发展，同时有效化解了部分返乡农民工就业务工问题，还为残障人士、农村妇女和年龄较大的中老年劳动力提供了更多层次、更多形式的就业务工机会。2019 年，特色优势产业用工累计带动 112 万贫困人口，全省农民年人均收入 10 756 元，其中工资性收入达到 4 774 元，占比 44.4%[①]。2020 年是脱贫攻坚决战决胜之年，全省聚焦最后的贫困堡垒。2020 年上半年，全省农村常住居民人均可支配收入 4 901 元，名义增长 7.1%，其中，工资性收入继续扮演重要角色。

4. 聚焦 "投入"，整合资金促发展

贵州抓实 "资金筹措" 这个保障，充分发挥公共财政的支撑功能。把中央政策理解透、使用够，争取更多的公共财政支持。在省级层面，坚持打造财政资金投入、绿色产业发展基金投资、金融资本贷款、社会资金入股、政策保险兜底的全方位立体式的财税金融保障体系。贵州省农村产业革命的筹措资金主要有公共财政资金、脱贫基金和社会资金等。贵州涉农资金主要来源于财政资金投入。公共财政资金具有引导性、支撑性等作用，充分整合各个渠道的涉农资金，为农村产业革命和乡村振兴提供公共性、公益性的支撑，因此要把公共财政资金用在最关键的地方。

2019 年专项用于农业产业发展的资金约 16 亿元；安排农村产业革命 12 大产业发展

---

① 陈毓钊. 持续发力做好 "六稳" "六保" 12 个农业特色优势产业催生众多就业岗位 [N]. 贵州日报，2020-07-23.

专项资金 12 亿元，明确一个产业 1 亿元；采取绩效承诺奖补的方式，出台 500 亩以上坝区和 12 大产业资金管理办法，明确资金奖补条件、奖补标准和申报程序等。2019 年，贵州省威宁县进入农业农村部会同财政部新增的"镰刀弯"地区 10 个马铃薯种薯基地县名单。从 2019 年开始，新增"镰刀弯"地区 10 个马铃薯种薯基地县，纳入新一轮制种大县奖励范围。2019 年 8 月，贵州省农业农村厅筹措中央财政转移支付资金 2.84 亿元，支持剑河、赫章、正安等深度贫困县以及锦屏、罗甸等贫困发生率较高的 16 个县脱贫攻坚工作，重点发展蔬菜、食用菌、生态鸡产业。省药品监管局筹措资金 90 余万元，投入松桃自治县开展帮扶工作，并引进御元堂药业股份有限公司落户松桃县建厂，在解决群众就业的同时，带动群众种植中药材。

在保险方面，积极推动农业保险扩面、增品、提标，优化农业保险支持政策，将 12 个特色产业全部纳入政策性保险范畴，对参保的企业和农户，省市县三级财政分别予以保费补贴。地方特色农业保险品种达到了 34 个，包含了种养殖险、价格指数、天气指数等险种。确保 12 大产业保险产品全覆盖，其中，竹、刺梨、油茶和生态畜牧业中的奶牛、能繁母猪、育肥猪等产业纳入中央政策性补贴险种。2019 年全省 12 个特色产业农业保险共为 105.22 万户次农户提供风险保障 145.83 亿元，其中，发生赔款 4.6 亿元，受益农户 8.7 万户次。

加大中央和省级财政支农资金整合力度，改变财政资金无偿补助的传统方式，撬动金融、社会资本参与产业扶贫。通过农银企产业共同体创新的途径，以"龙头企业 + 合作社 + 农户"的模式，发挥财政资金的扩大和引领效应，通过直接投资、项目资本金注入、以奖代补、财政贴息、投资补助和先建后补等方式，带动社会、农村资源、金融资本越来越多地投入生态鸡、食用菌、蔬菜等优势特色产业，使龙头企业、合作社以及农户得以共同培育壮大，促进脱贫致富。2018 年，发挥社会资金的聚合效应。全省开展"千企引进"和现代山地高效农业大招商工作。扶贫产业子基金落地项目 476 个，投放资金 278.56 亿元，整合财政资金 41.78 亿元投入产业发展，为各地产业发展注入了动力。

在此基础上，一定的金融支持、保险保障、担保服务是助推产业发展的组合政策。如在金融方面，设立规模为 1 200 亿元的贵州绿色产业扶贫投资基金，全力保障农村产业革命"粮草军需"，助推全省脱贫攻坚取得新成效。2020 年 4 月，构建省市县三级一体农业信贷担保联盟支持 12 大产业、坝区产业发展，力争到 2023 年底在保余额突破 500 亿元。截至 2020 年 9 月，全省已投资资金 278.56 亿元，正在申请资金 986 亿元，已同意贷款资金 135.98 亿元。积极探索了农银企产业共同体融资模式，农业企业可以和政府的平台公司合作组建合资公司，共同撬动银行资本，发展壮大特色产业。

铜仁市围绕产业发展需求，大力开展农业大招商工作，积极引导社会资本参与涉农项目投资、建设、运营。充分整合各个渠道的涉农资金，优化农业资金投入，加快农村产业革命纵深发展。2018 年，争取产业子基金项目 57 个，累计使用资金 22.95 亿元；争取极贫乡（镇）子基金 10.6 亿元，累计使用 5.39 亿元；完成扶贫小额信贷资金 10.2 亿元、精准扶贫贷款余额 354.97 亿元；整合财政涉农资金 38.41 亿元。同时，采取多种形式开展招商活动，共签约项目 60 个，签约金额达 104.4 亿元，到位资金 39.98 亿元，已开工建设 54 个项目。2019 年以来，全市申报贵州绿色产业扶贫投资基金储备项目 63 个，拟申请投贷资金 147.96 亿元。已通过省基金办审核项目共 43 个，共申请投贷资金 111.42 亿元（其中申请基金 16.79 亿元，申请银行贷款 94.63 亿元）。农业资金投入实现大幅提升，有效保障了产业发展。

普定县"一村一公司"搭建资金筹措平台。县、乡、村三级分别成立公司作为资金承接主体，全县村"两委"班子中，有 352 人在公司兼职，其中 136 名村党组织书记任公司总经理，实现一岗双责、村企共赢。"一池一抓手"盘活资金要素资源。在全县 172 个村级公司均设立"资金池"，通过县人民政府平台公司融资、财政贴息，为 172 个"资金池"各注入资金 100 万元，并通过"信合联村"搭台、集体经济补台、特色产业撑台和"特惠贷"铺路、企业（合作社）领路、"特惠保"护路的"三台三路"金融支农机制，为村级公司共注入"特惠贷"资金 6 600 余万元。同时，结合"三权"促"三变"改革，对村集体资源和资产开展清产核资，"多权同确"打捆进入"资金池"，引导农户将土地经营权有序向村级公司流转或入股，不断做大资金"蛋糕"，以此为杠杆撬动金融机构、民间资本等大量社会资金投入农业产业发展。"一地一产业"保证资金使用效果。因地制宜、分类指导村级公司制定产业发展规划，帮助各村级公司厘清发展思路，引领各区域错位发展"资产经营型""资源开发型""产业带动型""服务创收型""异地置业型"的"五型"经济。"一环一配套"强化资金风险防控。坚持把资金监管制度建设作为资金风险防控的有力抓手，强化"一村一公司"健康发展保障。"普定县创新资金筹措、推动农村产业革命的做法和成效"一文被贵州省委办公厅的"工作情况交流"第 14 期采用，并推广学习。

5. 聚焦"主体"，集约发展强带动

在生产组织方式创新上，贵州省坚持"强龙头、创品牌、带农户"思路，以 12 个农业特色优势产业为抓手，推动龙头企业组建大企业集团，吸引省（境）外优强企业参与农业产业化经营。

贵州大力推广"龙头企业 + 合作社 + 农户"组织方式，充分发挥龙头企业发展加工、搞活流通、开拓市场等作用，舞活全产业链，让农民紧密融入产业链、价值链，分享利益链，因地制宜完善脱贫攻坚利益联结模式，确保贫困户受益。

发展产业的根本目的，是为了促进群众增收，关键在于利益联结。规范发展农民专业合作社，实现 100% 的贫困村建立农民专业合作社，100% 的贫困人口参加农民专业合作社，100% 的农民专业合作社实现技术团队覆盖。

2019 年，以 12 个农业特色优势产业为抓手，以 500 亩以上坝区为主阵地，全省县级以上农业产业化龙头企业 4 178 家。全面推广"村社合一"经验做法，5 164 个基层党组织建在农民专业合作社上，1 651 个基层党组织建在农业企业上。经营领域涵盖一、二、三产业，共联结合作社 11 016 个，带动农户 211.82 万户，增收总额 144.18 亿元，户均增收 6 835 元，带动 280 万贫困农民稳定脱贫。

截至 2021 年初，贵州省级以上重点龙头企业 1 176 家，农民合作社 6.51 万家，示范社 3 600 余家。贵州实施农产品加工业提升行动和品牌培育行动，大力培育省级以上农业龙头企业和省级示范合作社，加强农产品储藏、清洗、分拣、烘干、保鲜、包装等能力建设，大力发展农产品初加工、精深加工和综合利用加工，农产品加工转化率提高到 55%[①]。

辣椒本是有情物，红到贵州富万家。贵州辣椒常年的种植面积占全国的六分之一、世界的十分之一。到 2021 年，全省辣椒种植面积稳定在 500 万亩以上、产量 650 万吨、产值 230 亿元，加工产值 150 亿元，辣椒交易额突破 800 亿元[②]。贵州省有辣椒企业 300 多家，其中国家级龙头企业 3 家、省级龙头企业 39 家。贵州辣椒形成了以"老干妈"为引领，"辣三娘""玉梦""山里人""乡下妹""老干爹""苗姑娘"等百花齐放、百家争鸣的品牌格局。贵州通过绿色产业基金、贷款贴息等金融支持，帮助加工企业扩能转型升级，延伸精深加工产业链，支持企业组建辣椒制品研发工程中心，研发辣椒制品新工艺，开发辣椒保健品等"辣椒 +"产品，推动辣椒加工业发展。

仅遵义市就有辣制品加工企业 60 余家，形成了以老干妈、贵三红、旭阳、茯莹、高原山乡、统之源、贵辣等为重点的加工企业产业集群。随着重庆市火锅底料生产企业退城进园（转移）战略的深入实施，重庆刘一手餐饮管理有限公司、成都香天下重庆德庄集团、重庆胖妹食品有限公司等知名企业相继入驻遵义。在全国 50 个优势特色产业集群中，贵州朝天椒产业集群榜上有名。

据贵州省辣椒专班统计数据显示，2019 年全省 115 家市级以上辣椒龙头企业实现产值 82.6 亿元。全省 9 个市州、48 个重点县、280 余万椒农（其中建档立卡贫困人口约 65 万）发展辣椒种植，户均种植收益 8 171 元，人均增收 2 000 元以上。2020 年，全省 115 家市级以上辣椒龙头企业带动辣椒种植 189.7 万亩，预计产值 114.4 亿元；带动合作社 2 456 个，带动农户 59 万户；企业用工 18 380 人，其中加工用工 11 585 人，销售用工 1 394 人，经纪人 5 401 人。

"贵州绿茶"地理标志产品保护范围内的 61 个县区域中，聚合"都匀毛尖""湄潭翠芽""石阡苔茶""瀑布毛峰"等多个知名绿茶品牌，贵州在绿茶品类中的品牌集

---

① 张伟 . 脱贫攻坚主战场贵州：产业振兴带动乡村全面振兴 [EB/OL]. 中国新闻网，2021-01-25 .

② 陈毓钊，金忠秀，维维 . 贵州辣椒产业链渐大渐强——"火辣"登场 "精深"发展 [N]. 贵州日报，2020-08-17 .

群已然形成。2017 年，全省茶园面积 700 余万亩，茶叶产量 32.7 万吨，茶叶加工企业 4 149 家，总产值 361.9 亿元，涉茶人员年均收入达到 8 840 元，累计带动 49.85 万贫困人口脱贫致富。2018 年，全省茶园面积 752 万亩，投产茶园 561 万亩，茶园产量 36.2 万吨，总产值 394 亿元。茶产业带动贫困户人口 45.2 万人，脱贫人数 13.7 万人；涉茶人员年人均收入达到 9 287.5 元；其中涉茶贫困户的人均年收入达到 4 381.2 元，较非涉茶贫困户人均年收入高 2 109 元。

黔东南州黎平县有茶企 304 家，其中省级龙头企业 11 家，公司一般通过流转农民土地的方式，盘活土地，给农民提供就业岗位，户均增收 2 000 元以上。

2018 年，全省 4 149 家茶叶企业，企业、合作社和农户或合作社与农户建立紧密利益联结机制的已有 2 800 家。建立健全利益联结机制。全省 1 361 个乡镇、7 241 个行政村（占总数的 43%、其中贫困村 3 358 个）开展"三变"改革试点，引导村集体入股土地 24.52 万亩，实现农民变股东 401.15 万人（其中贫困人口 109.25 万人）。

作为六盘水市刺梨种植的"后起之秀"，前进村通过"公司＋合作社＋农户"的组织模式，全村种植刺梨 10 512 亩，覆盖贫困户 132 户 554 人，实现产值 120 万元。刺梨精深加工的刺梨鲜花饼、刺梨酒、刺梨干果……不断延伸的产业链，实现刺梨产业种、产、销"一条龙"发展，让更多的村民享受农村产业革命带来的红利。

精密联结有了好收益，盘州市火腿加工销售一体化品牌路带动着生猪养殖的发展。通过"仔猪委托放养""公司＋合作社＋农户"经营模式，带动了 1.8 万户 1.9 万人参与生猪养殖，人均增收 1 800 元。

在望谟县乐旺镇 1 570 亩魔芋基地，龙头企业天旺农业科技公司 2019 年 3 月进驻乐旺镇后，采用"龙头企业＋村两委＋合作社＋农户（贫困户）"形式，着力发展魔芋产业，每亩产值可达 2.1 万元，直接带动精准扶贫户 16 户 67 人。

铜仁市制定出台了《铜仁市加快农业产业化龙头企业发展助推脱贫攻坚三年行动方案（2017—2019 年）》，通过内联外引的方式，采取独资、股份合作、联合经营等方式创办龙头企业。近年来，铜仁市成功引进了英国太古集团、北京顺鑫集团、香港劲嘉集团、广东温氏集团、四川铁骑力士实业有限公司、山东九丰农业、贵州贵茶（集团）有限公司、贵州省贵福菌业发展有限公司等一批国内外优强企业，累计发展市级以上农业龙头企业 403 家。江口县引进国家级龙头企业贵州贵茶（集团）有限公司，投资 6 亿元在江口县凯德工业园建成铜仁贵茶产业园，拥有世界上最大的单体抹茶精制车间，具有生产红绿宝石绿茶 3 000 吨、抹茶 4 000 吨、大宗茶 1 000 吨等综合产能生产线。促进江口县建成抹茶基地 3 万亩，成为全国最大的抹茶生产县，有效带动江口及铜仁其他区县 11 万茶农增收。在省内有 14 万亩达到欧盟标准的茶园。

2018 年，铜仁市农民专业合作社 10 716 家、市级家庭农场 1 811 家，实现 100% 的贫困村建立农民专业合作社、100% 的贫困人口参加农民专业合作社，其中"村社合一"

的合作社共计1 792个。

6. 聚焦"品牌"，深化产销拓市场

贵州省建立省市县三级农业产业结构调整农产品产销调度机制，推动农产品在对口帮扶城市展销，在省外设立110个分销窗口。建立贵州绿色农产品直供直销通道，实施农校、农超、农医等对接。积极融入"一带一路"，在东南亚开设8个境外分销中心。搭建全省冷链体系运营管理数据平台，实现货、车、库有机衔接。贵州不断探索尝试直播带货新业态，先后与阿里集团、字节跳动（抖音）等大型电商、新媒体平台达成合作；线上销售黔东南小香鸡、赤水竹笋等产品。贵州省商务厅数据显示，2019年，贵州"黔货出山"销售农产品320亿元，同比增长8.3%。

从"提篮小卖"到"现代商贸物流"，从"传统销售模式"到基层官员与乡村网红"直播带货"，正在帮助贵州敲开"黔货出山、风行天下"之门。贵州电商云公司通过建设运营一码贵州在线交易平台，打造"1+8+30"即"一个中心仓+8个市州枢纽仓+30个区县及节点舱"的省市县三级"黔货云仓"服务体系，从供应端来看，以贵阳中心仓为核心，建立铜仁、毕节、六盘水、安顺等8个地州市建立枢纽仓，同时向江口县、七星关区、玉屏县、镇宁县等区县辐射建立节点仓，有效进行市县乡村资源整合，为供应链上的企业提供一站式服务，实现降本增效和订单全仓调配，一件统发。

贵州省人民政府办公厅印发《贵州省绿色优质农产品促销工作实施方案》，要让绿色优质农产品"泉涌"发展，助推全省脱贫攻坚、同步小康。作为贵州省电子商务龙头企业，贵州指南针公司以湄潭翠芽、遵义羊肉粉、盘裕火腿、刺梨等地理标志认证农产品为主营对象，发展农产品电子商务，相继参加上海、广州、重庆、成都等地农产品展示展销会，宣传、推广贵州绿色优质农产品，为提升贵州绿色农产品产业化水平、革命老区脱贫攻坚、推动贵州绿色发展助力。

"黔货出山"风行天下，鼓起了群众的腰包。广黔两地围绕"产、销、售、购"，积极创新产销模式，畅通农产品产销新渠道。2021年，广州采购、帮助销售黔南州农特产品及特色手工艺产品总销售额达32.641 3亿元。截至2022年9月底，总销售额已达到26.18亿元，带动3万脱贫人口增收。

威宁县新鲜的白萝卜、大白菜、莲花白，不断运往粤港澳大湾区及东南亚市场，成为带动贫困群众增收的支柱产业之一。

贵州粤盛生态农业有限公司于2018年8月通过东西部扶贫协会产业合作项目引进独山县，在养蚕之外，经过加工的桑芽菜将销往粤港澳大湾区的批发市场、酒店、超市等，带动独山县农户90户约300人就业。

"惠水鲟鱼'出惠入湾'，2022年以来，通过线上线下渠道销售鲟鱼及其系列产品，在广州等东部地区实现销售额5 300.8万元。

铜仁市着力培育"梵净山珍·健康养生"绿色农产品公共品牌，成功打造了梵净

山茶、石阡苔茶、沙子空心李、铜仁珍珠花生、玉屏油茶等一批地理标志产品和特色品牌，在 2018 年中国茶叶区域公用品牌价值榜上，梵净山茶品牌价值达 19.86 亿元，位居全国第 31 位。梵净山翠峰茶入榜全国地理标志产区区域品牌前 100 强。选择重要区域中心城市、对口帮扶城市和经济走廊节点城市为重点目标市场，采取市级抱团推介，区（县）、企业各级重点推介的方式。2018 年以来，组织优质特色农产品参加各类展销会 14 场次，在北京、苏州召开农产品资源推介会 5 次。据不完全统计，2018 年实现"铜货出山"销售收入 48 亿元。

2020 年 8 月，黔西南布依族苗族自治州（简称黔西南州）引进广州千鲜电子商务有限公司、安徽西商集团等大型产品流通企业参与批发市场运营，帮助开拓省外市场。挖掘壮大农村经纪人队伍，全州已培育农村经纪人 92 人。成功举办"2020 全国农产品产销对接行（贵州站）活动""第六届黔西南州旅游产业发展大会农产品展销暨实景网络直播带货活动"，推动"万峰严选"品牌行动计划。建成黔西南州"万峰严选"直播电商基地，通过"严选供应链＋直播电商"的新商贸模式，销售州内农产品。通过直播累计实现线上线下交易额 11 040 余万元。通过直播电商、社区电商等渠道累计帮助农户销售 2 700 余吨蔬菜，4 277 余吨水果销往广东、浙江、北京、上海等地区。开发运用"黔西南州畅销码"，为农户解决农产品应急购销问题。

7. 聚焦"效益"，因势利导助脱贫

以"三变"改革为统揽，推广"龙头企业＋基地＋农户"生产经营模式，进一步明确企业、合作社、村集体、贫困户在产业链、利益链中的份额，帮助贫困户稳定获得订单生产、劳动力务工、入股分红等收益，实现贫困群众持续增收。

2014 年，六盘水市按照省委、省人民政府关于围绕"人、钱、地、集体经济、经营主体"深化农村改革的要求，创造性地提出了"资源变资产、资金变股金、农民变股东"的"三变"改革思路。六盘水市始终把精准脱贫作为"三变"改革的初心，以"三变"改革为统揽，在构建现代农业产业体系、生产体系、经营体系上攻坚突破。"三变"改革创新了农村土地要素流动机制，有效推动农业生产各种要素集聚。2018 年，六盘水市各类资金参与"三变"改革，有 52.69 万户农户入股经营主体成为股东，入股受益农民 172.74 万人。共有 118.6 万入股村民实现分红，分红金额达 6.49 亿元。到 2020 年，全市共有 200 万亩承包地、近 42 万亩集体土地、近 9 万平方米房屋入股，整合了近 15 亿元财政资金入股，撬动 106 亿元社会资金、金融资金等投入。通过"三变"改革的推动，六盘水市率先在乌蒙山片区实现全域整体脱贫。

"三变"改革推动农村一、二、三产业融合，培育新型农业经营主体，推动农业适度规模经营，加快推进现代山地特色高效农业发展，促进农民增收。2018 年，贵州农村"三变"改革实现全省乡镇全覆盖，实现农民变股东 496.75 万人、人均增收 481 元，其中贫困人口 125.16 万人、人均增收 828 元。产业结构不断优化，农业经济增长速度连续

5 年高于全国 2% ~ 3%。

贵州省以县为单位统筹推进农村产业革命，有效避免了由于乡镇、村整合资源能力弱导致产业发展不起来的情况。因地制宜推广"龙头企业 + 合作社 + 农户"组织方式，有效提高农民的组织化程度，降低参与市场竞争的风险，壮大集体经济，带动贫困农民稳定增加收入。

坚持"强龙头、创品牌、带农户"的思路，创新"公司 + 农户""公司 + 基地 + 农户""龙头企业 + 农民合作社 + 农户"等模式，探索企业与贫困农户利益联结机制，明确贫困户、农户在绿色优质农产品产业链、利益链中的位置，保障农民利益，真正让群众的腰包"鼓起来"，带动群众脱贫致富。

贵州省引进国家级龙头企业（包括温氏集团、大北农等）30 余家，培育壮大本地龙头企业 500 余家，发展农民专业合作社 2 300 余家，各类经营主体累计带动脱贫人口 45 万人。

织金县域内有上百株的古皂角树，广东、福建、台湾等地，乃至东南亚各国的皂角精，都源于织金县猫场镇。以猫场镇为核心，加工皂角精的小企业、小作坊如雨后春笋般兴起。年加工销售皂角精 1 000 余吨，占全国市场份额 90% 以上。织金县猫场镇镇长说："（每人）每天都能剥个 2 ~ 3 千克，剥 1 千克能挣 14 元的劳务费。全国最大皂角精集散地'的美誉就是全靠当地百姓'剥'来的。"

贵州江口净园春茶业有限公司以"公司 + 合作社 + 基地 + 农户"联合模式和"公司 + 农户"订单式合作模式，走出了一条龙头企业参与组建合作社，合作社联结基地，基地带动农户的新路子。共带动当地农户 1 200 余户，实现户均增收 3 000 元以上，其中贫困户 165 户，实现户均增收 5 300 元。通过"公司 + 农户"订单式合作模式，带动贫困户 60 余户种植茶叶，通过出售茶青获得收入，实现户均增收 3 200 元，与 57 户精准扶贫户签订了帮扶合同，进行一对一的帮扶，已实现脱贫 40 多户。

在决战脱贫攻坚中，安顺市平坝区乐平镇塘约村探索"三权"促"三变"改革路径，走出了"党建引领、改革推动、合股联营、村民自治"的好路子。塘约村探索的自治、法治、德治"三治合一"乡村社会治理体系，凝聚成推动产业发展和乡村振兴的动力。到 2022 年，该村集体资产达 682 万元，人均可支配收入达 23 162 元。

据贵州省第三次全国国土调查数据显示：近十年，贵州省林地面积增加了 24.44%。林下经济成为脱贫致富的新动能。贵州森林面积 1.5 亿亩，森林覆盖率 57%，是宝贵的产业扶贫资源。发展林下经济是贵州的优势。贵州陆续引进了上海雪榕生物、辽宁福顺三友、湖北裕国菇业等一大批竞争力强的龙头企业，全国食用菌企业 30 强有 9 家落户贵州。仅 2018 年，食用菌产业就带动全省 19 万贫困人口脱贫。到 2019 年，全省食用菌种植规模 30.9 亿棒（万亩），产量达到 113.8 万吨，实现产值 135.9 亿元，带动 17.8 万贫困人口增收。

贵州是全国四大中药材主产区之一，素有"天然药物宝库"之称。据全国中药资源普查，贵州药用植物资源种类达 5 304 种，全国排名第四。我国六大民族药之一的"苗药"，90% 以上的药材集中在贵州。数据显示，截至 2019 年底，中药材产业共带动全省 13.11 万户贫困户、41.75 万贫困人口增收，已成为贫困地区群众脱贫增收的重要支撑。截至 2021 年，贵州已经完成特色林业产业基地建设 254.77 万亩，林下经济利用林地面积达 2 774 万亩、产值 555 亿元。

8. 聚焦"党建"，引导群众主动服务

产业革命对农村基层党组织建设提出了更高要求，办好农村的事情，关键在党。以服务乡村振兴为导向，选优培强农村基层党组织带头人；注重从农村致富带头人、返乡大学生、退役军人、合作社负责人等群体中培养发展党员。优化农村基层干部队伍结构，打造一支懂农业、爱农村、爱农民的"三农"工作队伍。2018 年，贵州省共选派 8 542 名第一书记、35 195 名驻村干部"轮战"驻村，省直部门遴选 65 名优秀处级干部到贫困县挂职，从市、县选派 438 名优秀干部到乡镇挂职，推动 33 454 名县乡干部下沉到村民小组。铜仁对 319 个深度贫困村，从乡镇、机关、国有企事业单位择优选派 319 名懂经营、善管理的副科级以上优秀党员干部担任村党支部书记。铜仁共有 1 101 名村干部、940 名党员致富带头人领创办产业。

引导干部群众主动服务农村产业革命，积极推动农村产业革命。截至 2019 年，铜仁市第一书记和驻村干部协调项目 718 个，帮助争取资金 2 729 万元，帮助引进企业 32 家。2021 年 2 月 25 日，晴隆县原县委书记姜仕坤同志获全国脱贫攻坚楷模荣誉称号，另有 113 名全国脱贫攻坚先进个人、85 个全国脱贫攻坚先进集体荣获表彰，是本次表彰中人数最多的省份①。

夯实基层党建，要在转变作风上来一场革命。上面千条线，下面一根针。发挥好基层党建的绣花针作用，做给群众看，带着群众干。2018 年以来，贵州省激活基层党组织"神经末梢"，推动在村民小组建立党支部（党小组）10 165 个。同时，采取"党支部 + 合作社 + 农户"等方式，组织、发动群众，全面推广"三变"改革和"塘约经验"，推进农民专业合作社、扶贫产业、贫困户利益联结机制三个全覆盖，组织贫困户参加合作社，抱团脱贫致富，村级集体经济突破 5 万元的村有 11 472 个，占 85.29%，其中 100 万元以上的村 1 646 个。2018 年，全面推广"村社合一"经验做法，5 164 个基层党组织建在农民专业合作社上，1 651 个基层党组织建在农业企业上。

铜仁市松桃县普觉镇棉花山村采取"党建 + 茶叶产业 + 村集体（合作社）+ 农户（贫困户）"的发展模式，充分发挥建档立卡贫困户中党员的先锋模范作用，成立脱贫攻坚理事会，让每个村民小组都建立一个脱贫攻坚党小组，让每一党小组都成为引领种

---

① 赵勇军，陈豪.贵州 114 人 85 个集体荣获全国脱贫攻坚先进表彰 [N]. 贵州日报，2021–02–26（01）.

茶、采茶致富的先锋队，让每一个党员都带领一批建档立卡贫困户家庭成员成为种茶、采茶能手，让成为种茶、采茶能手的建档立卡贫困户通过种茶、采茶脱贫致富。

黔南州在产业链、合作社、龙头企业、生产基地等产业发展一线，建立产业党组织1 465个、党小组4 391个，规范建立1 278个村集体股份经济合作社，2 374名村两委班子成员和村级集体经济组织、合作经济组织负责人实现双向进入、交叉任职。2019年，全州村级党组织围绕茶叶、蔬菜、刺梨、生态家禽、生猪等12个特色主导产业，争取产业项目3 559个、资金5.19亿元[①]。

三、农村产业革命的推进方式

1.转变思想观念、发展方式和工作作风

调减玉米种植面积，是贵州调整农村产业结构的一项重要内容。2016年，全省玉米种植面积1 110余万亩，2017年春，贵州曾就调减玉米、发展特色经济作物做出专门部署，全年只减了不足38万亩。县乡基层干部几乎整日待在村里，劝说农民少种一点玉米。这里的农民祖祖辈辈靠玉米为生，很多农民只会种玉米，对省里调减玉米的政策不理解、不接受，甚至不听不信。

2018年，贵州将调减玉米种植面积作为推动农村深刻产业革命的关键一招。省委召开会议决定"拿出最好的土地种植效益高的经济作物"。政府工作报告明确提出，要改变种玉米的传统，将经济作物占种植业的比重提高到65%以上。

认识学习，统一思想。各级干部给农民算的是经济账，省委给干部们还要算生态账。村干部带头不种玉米，改种蔬菜；党政干部力劝自己的亲戚朋友搞起了食用菌……做给农民看、带着农民干。干部深入农民群众中间，一遍遍地讲，变着法地劝："不是不让种玉米，玉米代表的是低效作物。""要换换脑筋，原来惦记产量，现在得考虑效益。"让干部们、乡亲们发自内心地相信调整种植结构是"为卖得好而生产"。

进一步加强领导，落实责任。把农业产业结构调整作为一把手工程，高度重视农业结构调整、促进农民持续增收的工作，不断加强领导抓落实，认真落实好中央和省乡村振兴战略总要求，市级出台的《市领导领衔推进农村产业革命工作制度》，明确市领导牵头推进重点农业产业原则上到2020年不变，不断完善专班工作制度机制，实现领衔推进产业"一年有突破、两年上台阶"，为夺取脱贫攻坚全胜、助推乡村振兴提供有力支撑。

2018年，贵州全省调减玉米785.19万亩，是2017年调减面积的20多倍。新增高效经济作物667万亩，全省蔬菜、水果、中药材、茶叶、食用菌等五大经济作物规模基

---

① 州委组织部.黔南：发挥村级党组织引领作用 助推农村产业革命[EB/OL].黔南组织工作网，2020-07-30.

地由 2017 年的 3 016 个增加到 2018 年的 4 208 个,增长 39.5%[①]。农林牧渔业增加值增长 6.8%,比全国高 3.2 个百分点。到 2018 年底,贫困人口减少到 155 万,贫困发生率高出全国平均水平 2.6 个百分点,人均增收 2 348.4 元。

2. 抓好"八要素",开展"五步工作法"

贵州省委充分估计到了农村产业革命,是一项从头到脚的系统性工程,定下了思想观念、发展方式和作风转变的总基调。牢牢把握好贵州农村产业发展"八要素",推动产业扶贫和农业产业结构调整取得重大突破。

(1)省委顶层设计。"八要素"中,第一项就是产业选择。它所回答的是"贵州适合干什么""在全国市场上,贵州的产业优势是什么"等一系列问题。为此,贵州省委明确,总体上坡度在 15°以下的耕地,主要发展蔬菜、食用菌、草本中药材等高效作物,15°~ 25° 坡耕地主要种植蔬菜、中药材、茶叶、精品水果等,25° 以上坡耕旱地全部退耕还林还草,还林以经果林为主,并大力发展林下经济。贵州省委抓住 500 亩以上大坝这个关键点,全省 500 亩以上的大坝共 1 725 块,一坝一策编制方案,以县为单位系统部署,精打细算。政策安排上,贵州省农业农村厅印发蔬菜、食用菌、茶叶、中药材等经济作物生产指导意见,由县确定主导产业,县委书记、县长亲自抓,一县一业,全产业链发展。全省 88 个县,每个县重点支持 1 ~ 3 个规模产业,每个乡镇着力打造 1 个特色种类,每个村突出 1 个优势品种。

(2)层层示范带动。按市、县(区)、乡(镇)三级层层抓好坝区建设和产业结构调整示范创建工作。如铜仁市委、市人民政府主要领导和市坝区建设牵头领导分别各创建 1 个 500 亩以上样板坝区,实现亩均产值 12 000 元以上;各区县党委政府主要领导和分管领导分别各创建 1 个 500 亩以上样板坝区或达标坝区,实现样板坝区亩均产值 12 000 万元以上,达标坝区亩均产值 10 000 元以上;各区县党委和政府要统筹抓好辖区内其他达标坝区和基础型坝区建设和结构调整工作,确保达标坝区亩均产值 8 000 元以上,基础型坝区亩均产值 5 000 元以上。

为了解决新产业中农民干不了的问题,贵州通过农民讲习所等方式对农民进行系统的技能培训。以吸引年轻人务农、培养职业农民为重点,重点围绕"春季""秋季"攻势产业选择,有针对性地组织专业技术人员深入田间地头,对农民进行手把手培训,着力提升农业从业人员实操技术。围绕种、养、加、销关键环节提供技术服务,明确技术服务单位和人员的具体责任,严格产业各环节的技术标准,对扶贫产业、每个贫困村和合作社服务全覆盖。用好"土专家""田秀才",让专家将论文写到田间地头,为农民提高精准、快速、高效服务。

为把农民组织起来,贵州全面推广"龙头企业 + 合作社 + 农户"的组织模式,由

---

① 赵勇军 . 广袤沃野新画卷 乡村振兴新动力——贵州振兴农村经济深刻产业革命一年纪实 [N]. 贵州日报,2019-02-28.

企业和合作社带着农民一起干。整合财政资金，更多地投向绿色的、扶贫带动效果好的产业。订单生产、土地流转、进园务工、返租倒包、项目分红，以及财政资金、农民土地、专业技能入股龙头企业得分红等一切有利于农民增收的利益联结机制都被充分调动起来，极大激发了农户参与其中的积极性。调动机关、学校、社区、医院等方方面面的力量采购贫困县乡的农产品，大力发展农村电商，瞄准大城市、大市场，推动"黔货出山"。

（3）严格奖惩制度。对各市州、县（区）、市直部门的农村产业革命工作实行年度目标责任考核。各地出台的《市州领导领衔推进农村产业革命工作制度》不断完善专班工作制度机制，按市州、县（区）、乡（镇）三级层层抓好坝区建设和产业结构调整示范创建工作。对在农村产业革命中做出重大贡献的干部职工在评先、选优上优先考虑，对农村产业革命一线干部职工给予更多政治上的关怀、生活上的关爱、工作上的关心；对在农村产业革命中表现突出的企业认真兑现省、市奖补政策；对做得好的地区和个人，大力宣传表彰，并积极推广成功经验；鼓励干部、职工干事创新，坚决为在农村产业革命中敢于担当、敢于创新的干部职工担当，容错纠错。对政策落实不到位，作风漂浮、弄虚作假，农村产业结构调整工作不力和进展缓慢的单位和个人，严肃问责、追责。

四、贵州推进农村产业革命实践的解读

实施农村产业革命是贵州省打赢脱贫攻坚战、推进农业供给侧结构性改革、实施乡村振兴战略、推进农业农村现代化、立足贵州农业农村实际提出的"贵州方案"[1]。脱贫攻坚最后冲刺阶段，以坝区提质增效和坡耕地结构调整为核心，2019 年全省种植业增加值增长了 8.3%，贵州农业产业正由"粗放量小"转向"集约规模"[2]。

2017 年至今，现代农业发展进入 4.0 版，农业与其他产业呈现融合态势。乡村产业最重要的任务，在相当长的时期内，要聚焦保供给、保就业、保收入[3]。全世界的农业都是规模取胜，中国农业必然要选择盘活用好闲置土地、培育壮大新型农业经营主体和致力于农业科技创新。农村产业革命是在生产规模、生产技术、组织方式、融合程度、市场品牌、经营管理等方面的系统性、革命性变革。实施农村产业革命以来，铜仁市在落实"产业选择、培训农民、技术服务、资金筹措、组织方式、产销对接、利益联结、基层党建"八要素要求，践行"政策设计、工作部署、干部培训、督促检查、追责问责"五步工作法的过程中，进行了大胆的探索，成为落实农村深化改革顶层设计与地方探索紧密结合的成功实践案例。

---

① 任常青，郜亮亮，李登旺，等 . 贵州农村产业革命实践研究 [M]. 北京：经济管理出版社，2021.
② 王丽，刘智强，李惊亚 . 贵州农村产业革命点亮乡村 "新未来" [N]. 经济参考报，2020-05-12.
③ 张红宇 . 乡村产业：现代农业 4.0 版 [N]. 农民日报，2019-11-16（06）.

（一）统一思想，落实责任，是推进农村产业革命的坚强保障

各级政府准确把握农村产业革命精神实质，八要素是指导具体实践的"方法论"和关键招，是深化农业产业革命的妙方要诀，是破解观念革命、发展方式革命、作风革命三个大考的"钥匙"。引导各级干部群众充分认识深入推进农村产业革命的重要意义，充分认识深入推进农村产业革命是贯彻落实习近平总书记"三农"重要论述的具体行动，将其作为加快农业转型升级、推动实施产业扶贫的重要支撑和促进农民持续增收、脱贫致富的有力抓手。

贵州省发出"来一场振兴农村经济的深刻的产业革命"，对全国产业发展来说，也有一定的借鉴意义。对于"种什么""养什么"的产业选择，关键是要把当地农产品的商业价值充分激发出来，把地区的资源禀赋对于农业的高端附加值挖掘出来，实现从"为吃而生产"转向"为卖而生产"。这是对山地特色高效农业发展非常有用的经验。要有长期培训和引导农民的意识，使农民产业发展有思路、有举措、有干劲，解决好不会种、不会养、不会卖的问题。农村产业革命的目的，是要让农民得到实惠、持续增收。要明确企业、合作社、村集体、农民在产业链、利益链中的环节和份额，帮助农民稳定获得订单生产、劳动务工、返租倒包、政策红利、资产扶贫、入股分红等收益，推进资源变资产、资金变股金、农民变股东"三变"改革，充分激活农村资源要素，努力在改中求变，在变中求进，助推农业增效、农村繁荣、农民增收。正是清晰地阐释产业革命的抓手，再通过领导领衔推进，充分贯彻运用"五步工作法"，实行主要领导亲自抓、负总责，分管领导具体抓、抓具体，各县加强基层组织建设，增强基层组织的战斗堡垒作用，以抓实基层党建推动形成抓农业产业结构调整的合力，贵州才能在扩大产业规模、优化产业布局、拓展销售渠道、加强科技攻关、强化利益联结等方面取得明显成效。

（二）紧扣目标，创新工作，是推进农村产业革命的根本方法

紧扣现代农业产业体系、生产体系和经营体系"三大支柱"的改革，加快山地农业现代化，推进农业高质量发展，把农业结构调整与产业扶贫紧密结合起来，大力推进农村产业革命。把农业产业结构调整作为一把手工程，围绕12个特色产业，因地制宜地选优、选准主导产业，坚定不移地迅速做大规模。大力推进农产品精深加工，及时建链、全力延链，实现农业集聚发展。大力推广"龙头企业＋合作社＋农户"组织方式，全面推进"村社合一"，进一步完善利益联结机制，既确保贫困群众稳定获益，又把自然经济状态下的小农生产引入大市场。构建稳定的销售渠道，推动农产品加快主导省内市场、抢占省外市场，助力"黔货出山"、风行天下。组织开展"农超对接""农校对接""农社对接"，实现农产品、市场、商家、消费者的网络无缝对接。建立利益联结机制是扶贫开发的必由之路，也是农村产业革命的重要环节。把农业结构调整与产业扶贫紧密结合起来，既激活产业，又鼓足腰包。贵州在"一增一减"之间，"深耕"

产业选择、培训农民、技术服务、资金筹措、组织形式、产销对接、利益联结、基层党建"八要素"。这八个方面不可或缺，是农村产业革命的必要环节和重要方法，是推进产业革命向纵深发展的具体实践过程和实现形式。推进农村产业革命，要发挥群众首创精神，贵州省六盘水市的"三变"改革就是鲜活例证，这些经验经过实践检验上升为政策措施，连续被写入"中央一号"文件，成为实现乡村振兴的有效方法加以推广。农业产业化就是生产经营者根据市场上的各种要素和产品的价格变化，选择生产什么样的产品，投入多少不同的要素以期获得最大的利润。贵州全面推进农村产业革命，加快深化"三变"改革，不断推进"三变+扶贫+特色产业""三变+扶贫+金融"等发展模式，有效整合基层组织、龙头企业、集体资产、民间资本等各种资源，大力发展多元富民利民产业。发挥农村基层党组织在农村产业革命中的战斗堡垒作用，把基层党组织建在产业链上、建在合作社上、建在生产小组上，推广"村社合一"，把农户组织起来对接龙头企业、对接合作社、对接市场，唤醒产业革命的内生动力。在市场和政府的共同调节下，现代化的外部要素（现代职业农民、资本、生产技术和基础设施）进入农业，加速农业的现代化。

（三）政府有为、市场有效，是推进农村产业革命的永恒原则

舒尔茨提出要改造传统农业就需要引进新的生产要素，从传统要素转变到现代要素，以此来满足农业生产的需要。新的生产要素需要政府投资，并且要提供充足的公共服务来应对社会化风险。中国特色社会主义市场经济是有为政府与有效市场相融合的经济。政府承担农业农村发展中的兜底职能，是农业农村发展中市场和社会力量的最终补充。市场能否在资源配置中起决定性作用，取决于政府是否更好地发挥作用。政府要更好地发挥作用，不仅要对公共性事务起主导作用，而且要为充分发挥市场制度的作用奠定基础。

在乡村振兴战略的实施中，乡村振兴战略总体上由政府主导是毋庸置疑的，但这并不意味着乡村振兴战略的具体实施均要由政府来包办，更不能使得乡村产业的经营主体普遍形成依赖政府支持，而不是着眼市场竞争的行为。贵州省的农村产业革命是由贵州省人民政府主导的农业产业结构调整的战略行为，政府在规划制定、政策引导和示范带动方面发挥很好的作用，但是在产业的选择、要素的配置、主体的行为以及价格的形成等应该由市场来发挥决定性作用的方面却存在许多问题和困难。农业农村发展的方方面面，似乎都是由各级政府在主导和推动，而且产业项目的建设和投资，都是由政府占主导地位。乡村各种类型的农业园区、农业综合体、家庭农场、合作社的发展尽管很快，但大多缺乏自我持续发展能力。这样的产业项目虽然能满足政府短期"政绩"的需求，但未必能适应消费需求和市场竞争，一旦政府支持减弱，就可能成为"僵尸"项目。贵州是财政收入相对困乏的省份，政府债务过重不能支撑产业全部投入。客观上贵州是全国唯一个没有平原支撑的农业省份。农业基础条件差，耕地零碎瘠薄，人均耕地0.83

亩、人均基本农田只有 0.28 亩，分别只占全国平均水平的 47% 和 35%。我们要清晰地认识到，贵州省的农业发展，规模不是优势，产品品质、生态环境、多元文化、绿色技术创新才是优势。

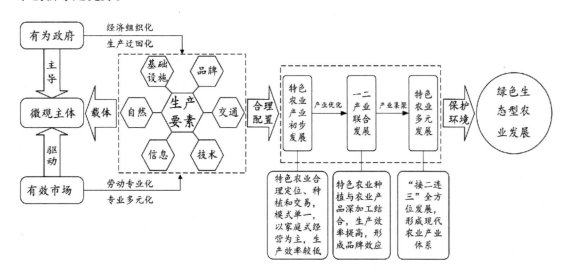

地方政府推动"绿水青山转化金山银山"的一般路径①

在经济发展中，政府的关注度对区域发展有着显著的推动作用。政府通过完善公共属性和推进制度建设，推动产业的要素变迁和产业升级，重点培植"一镇一业，一村一品，一县一特"，走产业集群式发展之路，推进县域、镇域产业聚集，以乡（镇）所在地为中心的产业集群。农业技术的改进是农牧业生产效率提高的关键，而农业技术具有效用不可分性、非排他性和受益不可阻止性三大公共物品特性，这说明政府是农业科技的投资主体。建立健全以县、乡（镇）农业技术干部为骨干，龙头企业、专业合作社、专业大户、家庭农场、农业业主、科技示范户为示范和纽带的现代农业生产技术推广网络。农业品牌除了具有与农业技术类似的公共物品特性以外，还存在管理、宣传等方面的问题，政府应该着力打造特色农业品牌，主要围绕特色种植、特色养殖、特色食品、乡村传统手工艺等树立一批特色产业发展典型，打造一批特色产业示范基地、培育一批特色产业示范主体、创响一批独一份的特色产品品牌，发挥其示范带动作用。农户生产过程中，经济信息的有限性可能会导致"小农户漏出"现象，政府为解决这类矛盾，应该搭建交易平台，增添新的销售渠道。政府要提供有力而针对性强的政策和公共服务来保证农业生产的可持续发展，在具有中国特色的农业现代化进程中，需要制定农业投入政策、农产品价格政策、延续增加农业补贴等，从而保障农产品的供给和农户的收益。而在要素配置、主体激活、产业竞争、效率增进等方面，则要让市场在资源配置中起决

---

① 熊德斌、欧阳洪姝、李佳欢.政府有为、市场有效与特色农业发展机制——赣南脐橙产业升级历史变迁考察 [J]. 上海大学学报（社会科学版），2021，38（5）:79–92.

定性作用。

当前充分发挥市场在资源配置中的决定性作用，不仅需要政府转变职能，而且需要政府主导建构与市场制度相匹配的产权制度。需要创新农业专业合作社的组织方式、制度规范与管理模式，特别是要推进合作社的规范化建设，形成"生产、供销、信用"一体化的综合合作社，作为发展集体经济的主要载体，承接集体资产的经营。农业不仅具有食品保障功能，而且具有原料供给、就业增收、生态保护、观光休闲、文化传承等功能。跨界配置农业和现代产业要素，促进产业深度交叉融合，形成"农业＋""文化＋""旅游＋"等多业态发展态势。贵州农业现代化要以"山地特色高效农业"为主，走"小特精多奢"的发展路①。贵州必须保持发展乡土文化多样化，创新在文化、教育、生态、社会休闲等方面的功能。要围绕"现代山地特色高效农业样板区、农业农村绿色高质量发展试验区、农村改革先行先试区"的"三区定位"扎实做好山地特色农业提质增效，向着农业现代化农业高质量发展的目标加速前进。

---

① 刘悦 . 加快发展现代山地特色高效农业 [N]. 贵州日报，2022-05-10（02）.

【案例5】贵州油茶产业的发展与探索

贵州省委、省人民政府将油茶列入农村产业革命12大主导产业之一，将油茶产业与脱贫攻坚相结合，充分利用荒山、荒地种植油茶，积极扩大油茶种植面积，提升茶油产品质量；加强现有低产、低效油茶林改造，大幅度提高茶油产量。以油茶产业可持续发展实现稳定脱贫，无疑是精准脱贫的"利器"，更是落实"两山理论"的富民产业。

一、贵州油茶的分布概况

贵州自然禀赋得天独厚，生态优越全国著名。全省位于云贵高原东部的大斜坡地带，陆块大规模由东向西斜向，平均海拔1 100米。虽处于纬度较低的中亚热带范围，因兼受北来的冷气、东南季风及西南季风的影响，贵州气候呈现季风性、高原性和多样性。受喜马拉雅山脉造山运动作用，贵州成为全国碳酸岩分布最广的地区。全省的土壤pH值为3.1～8.9，全省土壤以微酸性（pH值5.5～6.5）所占面积比例最大，其中，黄壤最多，红壤、黄棕壤次之，均适宜油茶生长。油茶常年在连绵叠嶂的群山之中天然孕育，从开花结果到采摘，历经四季的云滋雾养，因此贵州油茶的主要营养指标高于全国其他省份。贵州复杂的地形地貌和多变的气候类型，形成了丰富的油茶生境类型，产生性状各异的山茶属植物种类，并成为西南红山茶、瘤果茶等物种种群分布中心，以及山茶属特有物种如贵州金花茶、小黄花茶、贵州红山茶、怒江山茶等分布地。据调查，在贵州各市（州），山茶属植物有48种，其中特有种20种，在海拔350～2 400米的山谷密林都有分布。这些是贵州培育优质油茶、建设生态油茶和高原油茶的自然环境优势。油茶产业的稳健发展，在贵州实现脱贫攻坚、乡村振兴和农民增收致富等方面发挥着至关重要的作用。

（一）黔东南地区油茶产业发展

黔东南州是贵州省油茶的重点产区，全州16县市、204个乡镇均有油茶自然分布。中华人民共和国成立以来，油茶基地面积得到较大发展，1975年全州油茶林面积达61.23万亩。由于长期以来油茶林经营管理水平较低，加工技术落后，主要是加工供自食的毛油，未形成商品，经济效益低下，多年得不到提高，以致有的油茶林遭受破坏，有的砍作薪柴，有的改种果园，到 1997 年，全州油茶林面积下降到 46.5 万亩。2000
年，天柱、锦屏、黎平等县开始着手进行油茶的低产林改造，2004 年，天柱县参与国家
林业局（现国家林业和草原局）2004 年度重点科技攻关项目"全国油茶优良品系区域
化试验"。截至 2018 年，全州油茶面积达 88.65 万亩（其中老茶林 41.36 万亩，新茶林
47.29 万亩），茶籽产量 42 652 吨，产业总产值达 9.6483 亿元。

黔东南州 2018 年油茶籽采收统计表

序号	县名	油茶结果面积/亩	茶籽采收量/吨	总产值/万元	茶籽加工量/吨	产值/万元	茶籽销售/吨	产值/万元	备注
1	黄平	1 200	20	44	19	41.8	1	2.2	
2	三穗	1 650	140	47.6			140	47.6	销往黎平
3	岑巩	10 000	250	640	250	400	150	240	
4	天柱	222 000	20 000	42 190	7 800	21 450	12 200	20 740	
5	剑河	7 323	40	300	30	200	10	100	
6	锦屏	45 900	3 200	3 840	960	1 152	2 240	2 688	销往湖南、江西
7	榕江	4 000	200	337.6	10	33.6	190	304	销往广西
8	黎平	264 734	16 017	43 171.8	11 517	34 171.8	4 500	9 000	销往湖南、江西、浙江
9	从江	58 000	2 785	4 456	830	2 784	1 955	3 128	
合计		614 807	42 652	96 483	21 416	60 233.2	21 386	36 249.8	

数据来源：根据调查数据整理。

全州油茶林面积主要集中分布在黎平、天柱、锦屏、岑巩、从江 5 县，5 县油茶林
基地总面积占全州的 95.14%（其中黎平 32.64 万亩、天柱 32.5 万亩、锦屏 7.2 万亩、岑
巩 5.2 万亩、从江 6.8 万亩）。

全州油茶分布面积大于 15 000 亩的乡镇有 16 个，大于等于 1 500 亩的乡镇有 65
个，分布面积占全州油茶面积的 92.23%；油茶分布面积在 150 ~ 1 490 亩的乡镇有 35
个，分布面积占全州油茶面积的 5.74%；油茶分布面积小于 150 亩的乡镇有 9 个，分布
面积占全州油茶面积的 2.03%。

全州油茶分布面积大于等于 7 500 亩的 29 个乡镇（街道）分别是：天柱县竹林乡、
江东乡、远口镇、石洞镇、瓮洞镇、高酿镇、兰田镇、凤城镇、邦洞镇、江东镇、社学
街道，锦屏县偶里乡、新化乡、大同乡，黎平县高屯街道、德顺乡、中潮镇、洪州镇、

永从镇、双江镇、肇兴镇、水口镇、雷洞乡、龙额镇、地坪镇,从江县西山镇、庆云乡等。

目前全州有油茶种植企业 22 家、种植合作社 73 家,有种植大户 305 户、农户 13 万多户。产业覆盖农户 13.76 万户 57.8 万余人(其中贫困户 4.1 万户,贫困人口 16.2 万余人)。

为提高油茶发展综合效益,推动油茶标准化建设,积极推进林下套种套养发展模式,以及以茶促旅,以旅带茶,茶旅互补,推动油茶与旅游的有机结合,全州建成油茶休闲生态园 3 个,100 亩以上标准化生产示范基地 120 余个,面积达 6.5 万亩,林下套种套养面积达 6.4 万亩,有机认证面积 3.8 万余亩。

(二)黔西南地区油茶产业发展

黔西南州是重要的油茶产区之一,主要分布于册亨、望谟两县。两县处于"两江一河"的热河谷地带,属亚热带季风气候区,是贵州省油茶主产分布区,两县共有宜林地面积 80 万亩,土壤 pH 值为 5 ~ 6。两县热量丰富,光照充足,雨量充沛,无霜期长,土质肥沃,面积宽广,土壤呈微酸性,有机质含量高,非常适合油茶产业发展。望谟县现有油茶 21 万亩,挂果约 8 万亩、低产低效林约 5 万亩,主要分布在乐元、纳夜、新屯等 15 个乡镇(街道)及红水河国有林场。大观纳上林场建有油茶采穗圃 200 亩,在建油茶苗圃 40 亩。册亨县现有油茶 17.5 万亩,主要分布在弼佑、秧坝、双江、八渡、百口等南部乡镇,其中树龄在 300 年以上的老油茶林面积 980 亩,每年有近 7.5 万名林农在油茶产业中获益。弼佑镇建成茶苗圃基地 22 亩,建成一个亿元加工企业;在巧马工业园区建设册亨天香布依油茶加工厂,年加工生产油茶籽 2 500 吨。除此之外,晴隆、安龙、普安、兴仁等县有小面积分布。

根据第 4 次森林资源二类调查资料,全州有油茶林面积 12.24 万亩,按疏、中、密的覆盖度等级,面积比例分别为 6.2%、37.7%、56.1%。从调查结果显示,全州大部分油茶林存在密度不合理的问题,有必要在对现有林分进行垦复施肥的基础上,对林分密度进行调整,对没有培养前途的林分进行更新。

全州现有油茶林虽然大多为老茶林、低产林,但是遗传品质相对较好,通过抚育、施肥和复冠措施进行低产林改造,3 年后可获得明显成效,增产潜力很大,一般可由改前平均亩产油 5 千克增至 20 ~ 30 千克。望谟县和册亨县共有宜林地面积 30 万亩,还有低产低效林和 25° 以上坡耕地 50 万亩可用于发展油茶,共计 80 万亩。现有苗圃区建有 1 个州(地)级种苗工作管理站、1 个州(地)级林木种苗质量检验站、3 个县级种苗林木工作管理站和 3 个县级林木种苗质量检验站。经省种苗站审批的油茶苗圃 2 个,生产面积 80 多亩,有 500 多万株油茶苗的年生产能力。

全州油茶加工龙头企业只有 2 家,其中州级龙头企业 1 家(贵州马岭河植物油有限公司),县级龙头企业 1 家(册亨县三月三植物油公司)。年加工能力在 5 万吨左右,有 3 万吨左右茶籽销往外地。册亨县、望谟县年产籽产量约 7 600 吨，千吨以上油茶加工企业 3 家，设计年加工能力 1.8 万吨，油茶产业雏形已经形成。

（三）铜仁地区油茶产业发展

铜仁市玉屏县是贵州油茶重点产区之一，2001 年被国家林业局授予为"中国油茶之乡"，2007 年被国家林业局确定为"全国经济林建设示范县"，2012 年被贵州省林业厅评为以油茶为主的"经济林建设示范县"，2014 年"玉屏茶油"被国家质量监督检验检疫总局列为地理保护标志产品。全县现有油茶基地面积 20.7 万亩。其中：新造油茶基地 8.7 万亩，原有老油茶林 12 万亩，涉及全县农业人口 7.8 万人，其中涉及贫困户 3 425 户 11 268 人，农民人均拥有油茶林面积 2.3 亩。2018 年全县油茶投产面积 15.4 万亩，全县年产油茶鲜果 16 650 吨，产油茶籽 4 160 吨，产茶油 1 040 吨，油茶产值 1.664 亿元。万山区累计完成油茶种植面积 6.51 万亩，涉及 11 个乡镇（街道），主要分布在黄道乡、鱼塘乡、高楼坪乡、敖寨乡，覆盖人口 4 万余人，带动就业人数（次）18 万人（次）。目前已挂果的油茶面积达 2.5 万亩，预计产值达 3 750 万元。江口县现有油茶基地 3 万亩，其中：新建油茶基地 1 万亩，老油茶林 2 万亩，主要分布在桃映镇、坝盘镇、闵孝镇。2019 年建成桃映镇妙石、翁会村千亩油茶示范基地 2 个。石阡县完成油茶基地建设 2.0 万亩，其中新植油茶 1.0 万亩、低产林改造 1.0 万亩。沿河县是贵州省生态功能示范区，野生油茶品种资源丰富，分布广泛。近年来，该县将油茶产业作为六大主导产业之一来抓，建成油茶产业基地 3.28 万亩。全县形成了一批区域化、规模化的油茶生产基地，引进贵州琥珀生态农业有限公司在淇滩、团结、晓景等乡镇投资发展油茶产业同时，涌现了以桂林六合油茶有限公司、丰联油茶种植农民专业合作社、沿河红兴油茶农民专业合作社、沿河塘坝油茶种养农民专业合作社、官舟瓦厂坝种养农民专业合作社、鹏程利民种养农民专业合作社等为首的一大批本县企业及农民专业合作社组织和油茶种植大户。

二、贵州油茶产业发展中的主要问题

1. 科学规划滞后，引领发展作用不强

省级层面虽然制定了关于加快油茶产业发展的意见，但意见的内容还不具备规划的严谨性和系统性，导致引领发展的作用不如湖南、江西发挥得好。各市、州、县也因上位规划缺位，而缺乏系统性、科学性的发展规划，尤其对贵州油茶高端、绿色、有机的定位不明确，区域发展统筹缺位，本位主义严重，各县油茶资源分布点多、面广，没能形成大基地、大产业、大品牌、大市场发展格局。良种引进与区域地理自然条件匹配度低，种植空间与种植间距不科学。在油茶产业链培育上，一、二、三产业融合不紧密。油茶产业扩面提质目标不明晰，重造轻管未能根本改变，实现量产在扩大规模、提高产

量上保障不力，打造品质在严格标准、共树品牌上缺乏共识。地方没有系统、完备的促进油茶产业发展的统一规划，即使油茶种植县做了产业发展规划，但规划落实率低，或已编制总体规划并做了作业设计，但具体落实到乡镇村组和地块时，无明确的作业图班进行指导，存在哪里空闲哪里栽的情况。有的乡镇还有几个产业项目同时规划在同一个区域的现象，统一规划、连片集中、规模种植未能显现。部分市州对茶林资源数据不精准，因自然灾害、管理不到位失败的面积未及时调减，同时存在部分整合项目多头统计面积的现象。部分地区集中连片开发万亩油茶示范基地，缺乏前期的地质条件和配套设施的科学论证。

2. 山地林权破碎，油茶发展土地和资金供给困难

全省专门用于油茶新造土地的资源有限，落实难度较大，因为集中连片、交通方便的土地大多已被占用，剩下的土地基本上是些零星、破碎的地块，投资成本高、代价大，还面临解决林业项目工程重复等疑难问题。林地碎片化、集中连片规模经营难，成为贵州制约油茶快速扩张种植规模的最大瓶颈。如江口县辖区面积1 869平方公里（含梵净山约280万亩），其中：林地面积212.66万亩，占辖区面积的75.86%；耕地面积42.63万亩（基本农田32.37万亩，非基本农田10.26万亩），占辖区面积的15.2%；其他用地25.06万亩（村庄、河流、公路、城市建设用地），占辖区面积的8.94%。通过摸排，全县集中连片适宜油茶发展的面积为2.7万亩，主要布局在桃映镇1.7万亩、闵孝镇0.7万亩、坝盘镇0.1万亩、民和镇0.2万亩。其他区域多为零星、分散、贫瘠地块，不适宜油茶发展，可用于发展油茶产业的土地十分有限。再加上大力实施退耕还林、各项林业工程项目，自林地"一张图"变更后，现有可造林地块严重不足，且较为分散，很难找到10亩以上集中连片地块。油茶种植可利用土地少，规模扩大有限是现实，而土地流转政策缺失又加剧了供给紧张。一是土地流转政策严苛，手续烦琐，如需三分之二以上村民代表表决同意才能进行土地流转；随着农村自留山、责任山确权到户，90%以上林权分包到户，山林土地权破碎，流转不畅，建设用地很难进行统筹，难以形成规模发展效应。再加上农户"宁可丢荒也不愿失地"的思想严重，导致土地流转更加困难。二是低效林面积过大，占用了大量土地，即使想将低效林改为种植油茶，但没有明确机构认定低效林，且认定成本很高；天然林保护逐步扩大，受生态红线、基本农田保护政策制约，保护与发展矛盾凸显，投资热情与经济效益矛盾相当突出。

油茶产业是一项高投入产业，且后期管理费用较高，见效相对较慢。据专家测算，新造油茶林从栽植到进入稳产期，每亩需累计投入1 600元左右；连续三年改造低产林施肥、垦复，每亩需累计投入600～800元。而新植油茶要4年挂果、7年丰产，低改虽然两年可挂果，但也要3年成效才会明显。从近10年基地建设的情况来看，多数油茶种植主体主要是依靠国家扶持勉强将油茶种上，由于多数种植主体实力弱，扶持资金断档，大多数林农无力承受后期 5 年的抚育管理投入，而相应放弃管护；还有由于油茶生产周期长、见效慢，农户多数只注重眼前利益，对长远效益缺乏信心，基地种植完成后，多数青壮劳力外出务工经商，管护、抚育措施跟不上，"人种天养"造成成活率低、长势差。有的种植大户和企业虽然也投入了大量资金，但由于面积规模过大，多年来"只有投入，没有收入"，收不抵支，无法做到精细化管理；现阶段上级造林补助标准偏低，因县区级财政资金困难，除无偿提供种苗和栽植费、前期部分化肥外，无力拿出资金扶持农户，农户也无力承担后期的施肥、中耕抚育、病虫害防治、管护等资金支出。现有的水利、交通、电力等方面还不能满足油茶产业的发展需求，同时油茶林灌溉、鲜果运输、加工和成品油运输等方面的成本，对茶农、加工企业的利益也造成了一定的影响。由于油茶生产经营投入不足，管理粗放，经济效益不明显等原因，导致多数老油茶林处于野生或半野生状态，农户积极自主参与油茶产业发展的信心不足，缺乏内生动力，影响产业快速发展。

3. 生产组织分离，现代产业体系缺失

由于土地比较零星分散，产业集中度不高，抵御自然灾害能力差，制约了油茶的产业化、规模化发展。现有从事油茶产业的专业合作社，大多数为村级集体经济联社，仅依靠政府脱贫攻坚产业发展资金在支撑，没有企业参与，更没有林业产业方面的龙头企业参与，带动能力明显不足。加工销售是制约油茶产业发展的瓶颈。油茶产业链尚未形成，种植、加工、销售分离。多数加工企业有自己的种植基地，但个别企业是纯种植，没有油茶产品加工。资源利用率低，加工品牌拉动不强。如黔东南州虽然有 12 家加工企业，年加工能力达 3.5 万吨，但因实力弱、规模小，年实际加工茶籽仅 2 000 吨左右，且加工产品品质不高，市场竞争能力也较弱。以 2018 年为例，黔东南州仅 5 家企业加工油茶，共加工茶籽仅 2 100 吨，产值 5 300 万元。加工规模稍大的企业仅有黎平的两家，一家是霞宇油脂公司，加工茶籽 1 500 吨，生产茶油 330 吨，产值 3 200 元万元；另一家是黔香园油脂公司，加工茶籽 500 吨，生产茶油 120 吨，产值 1 700 余万元，其他几家加工很少。规模加工企业因流动资金困难收购能力仅占 5.6%，而开工不足影响投资效益。加工企业 80% 的产能为食用油，从江乔盛公司虽然主导日化品加工，但未正常投产。油茶籽原料利用不科学，茶壳利用为全州空白，全州 48.7% 的茶籽原料被贱卖到州、省外；45.7% 的茶籽原料流向小作坊生产"土榨茶油"自产自销。又如，近些年望谟县油茶产业一直缺乏龙头企业带动，只有县城几家小作坊采用落后工艺压榨茶籽油，大部分茶农依托外来商贩销售茶籽，价格低，受天气、交通等外界因素影响大。大多数县由于面积小，产量低，经营管理粗放，产品初加工困难，效益不太明显，达不到示范带动效应；由于企业带动能力不足，导致乡村小型作坊遍地开花，出油率低、附加值低、效益不高，影响油茶产业发展。

在销售方面，全省产品缺乏市场准入标准，生产者、加工者缺乏有效利益联结，出现种植户"卖油难"，市场产销对接不到位，滞销率达 15% 左右。而农户主要是在本地区进行销售或自用，主要销售的是初级产品（毛油）和原料（籽）。小作坊、大企业互相掠夺资源，茶油销售市场秩序混乱。商标多，品牌小，合力不足，没有一个"唱得响、叫得实"的品牌。企业加工能力弱，无法形成精油量产和品牌效应，总体上处于出售原材料和初加工产品阶段，难以形成规模效应、品牌效应。再加上品牌企业各自为政，产品加工总量小，产业链条没有形成，品牌多杂弱小，又缺乏提升打造和宣传推介，同时油茶产品线上、线下销售服务体系尚未完全建立，在市场上获得消费者认可度不高，产品品牌知名度不高，市场影响力小，而制约了油茶产业发展。油茶虽然具有很强的保健功能，长期食用能促进人体健康，但由于正宗茶油售价较高，为 160 ~ 200 元 / 千克，昂贵的价格难以形成大众消费，几乎是高端消费。消费者虽有需求，但茶油产品市场不规范，市场上出现以茶油生产的"调和油"低价产品，导致茶油真假难辨，市场价格混乱，从而影响茶油销售，影响企业、农户和产业发展。

4. 管理机制不畅，政策实施效应递减

油茶产区各县成立了油茶产业工作专班高位推动，但部分县贯彻落实省州油茶产业发展决策部署工作推进乏力，未形成"久久为功"之势，在破解用地难、投融资难等瓶颈上进度迟缓、成效不高。有的县油茶产业发展与脱贫攻坚联系不够紧密，视油茶为周期长、见效慢的产业，退出脱贫攻坚主导产业地位，长短产业结合紧密度不高[1]。部分地方反映现有乡镇林业站划归乡镇政府管理，导致县林业局林业管理机制不顺，加剧了产业人力资源紧张。部分地方存在思想认识不够到位，认为上级只下达任务，又没有足够的资金保障，心存畏难情绪，工作作风不够务实。如铜仁市面积合格率 96.7%，其中新造合格率 97.1%，低改合格率 96.2%，但核实率仅为 56.9%，其中新造面积核实率仅为 53.4%[2]。财政投入不足问题突出。黔东南州油茶新造林财政投入仅 600 元 / 亩，低产林抚育改造不足 300 元 / 亩，与实际新造需投资 4 000 元、低改需投资 3 000 元存在较大差距，导致油茶林建设标准不高、管理质量参差不齐。加上农村经济结构发生较大变化，部分基地因缺乏劳力、投资陷入"人种天管"拣"漏水财"的状态，有的基地因投资断链导致荒芜和失败。林区基础设施薄弱，严重制约产业发展。林区公路建设滞后，无论是老茶林区，还是新造地块，几乎无公路便道，生产物资运送、产品采收运输大部分依靠人挑马驮，经营成本高，进度慢。水利设施滞后。新造林区基本处于山高坡陡地带，无沟渠、无山塘、无水窖水利基设施，油茶苗木栽种全靠阴雨天气，只有抢雨天，无法战晴天，加上农村青壮年大量外出务工，劳动力缺乏，新植树苗后期管护跟不上，栽种存活率低，有的即使存活长势也不好。低产林改造投入不足，效果不理想，单产未

---

① 州政协农业农村委员会.黔东南州油茶产业发展情况调研报告 [R].（2019 年 9 月 24 日）

② 陈少荣.在全市农村产业革命油茶产业发展现场推进会上的讲话 [R].（2019 年 5 月 18 日）

能得到有效提升，经营成本高，制约产业发展。

5. 技术服务体系不健全，油茶科技保障较弱

贵州省整体油茶产业相关技术人员缺乏，没有长期服务油茶产业的技术人员。油茶产业链各环节缺少专业技术人员，科技链难以支撑产业链。油茶产业建设处于初期阶段，在油茶树体管理、土壤改良、施肥、套种、病虫害防治等方面都存在技术盲点，导致油茶发展水平参差不齐，发展不平衡。当前对油茶的生产经营管理还是以传统经验为主，一些地方管理粗放，规范化水平不高，林农缺乏油茶栽植、抚育管护、管理等技术知识，粗放经营。一些基地建设质量差、水平低。在黔东南州 6 个油茶发展重点县、6 个适宜发展县的调查中，只有黎平、天柱两县成立了县级油茶服务机构。基层林业部门技术人才单一，断层问题突出。服务人员知识结构老化，科研、技术推广、生产三者结合不够，林业科技的推广应用与产业发展需要有一定差距。如一亩地种植油茶的最适密度为 90 ~ 100 株，黔东南及铜仁培育的 5 000 万株苗木中，裸根苗占 50%。由于贵州省特殊的地理环境，行业标准与地方标准不适合每个区域。以前的行业标准和地方标准规定为 2 米 × 3 米种植，导致玉屏油茶种植不合理，密度过大。部分造林地块没有严格按规划作业设计要求施工，种植质量差，栽植密度不一，导致苗木浪费。部分农户管护意识淡薄，没有树立产业发展的长远打算，重造轻管，把油茶当作一般用材林来种植管理，造林成活率及造林质量难以保证。地方财政困难，投入不足，新品种的选育、引进试验示范和新品种、新成果推广应用不够，产品的科技含量较低。从事油茶研究和技术推广的专业人员较少，与科研院所开展合作攻关的协作关系不够紧密，尤其在培育适合本地发展的优质高产品种上存在薄弱环节。无标准化、规范化的示范种植基地，示范带动效果不佳。高标准育苗圃场（点）少，高规格、高质量苗木不多，境内现有育苗数量与发展规划苗木需求量不足，规模发展需外调苗木，质量难以保证。自 2006 年以来，全省从湖南、江西、广西等多个省引进湘林、长林、赣林等 90 多个品种，由于盲目引进，导致苗木来源混乱，品种不清。油茶技术培训与技术推广主要面向企业和大户，散户未覆盖，导致技术推广与服务覆盖面有限。

三、贵州油茶产业的发展模式探索

推动油茶产业规模化发展、集约化经营，关键在于建立科学、有效的发展模式和运行机制。贵州省油茶产业发展模式包括基地建设和复合经营模式探索，并与脱贫人口相挂钩，明确企业、合作社、村集体和贫困户在产业链、利益链中的份额，探索以龙头企业带动为主、各类专业合作组织和种植大户为辅的油茶产业发展新模式及运行机制。

1. 复合经营模式探索

（1）"公司 + 村集体经济 + 贫困户"模式。如玉屏县由县国有平台公司（贵州黔玉油茶开发有限公司）负责建成投产油茶育苗基地 300 亩（道塘育苗基地 100 亩，

桐木育苗基地 200 亩），育苗规模总计 2 000 万株。该基地按照每株苗木提取 1 角钱作为村集体经济，提取 2 角钱作为贫困户分红。2019 年实现分红 240 万元以上，其中村均增收 2 万元左右，贫困户户均增收 527 元，直接带动建档立卡贫困户 475 人就业。

（2）"公司＋村集体＋基地＋农户"模式。玉屏县麻音塘双龙油茶产业示范基地，由贵州大龙益寿植物油有限公司承接管理，以土地出租流转形式流转土地 2 200 亩，在基地中获得收益的农户有 56 户 238 人，土地租金为 150 元/（亩·年），实现户均增收 4 286 元；以土地入股分红模式获得收益的农户有 25 户 108 人，其中建档立卡贫户 13 户 34 人。贵州益寿农业科技有限公司与 80 多户群众签订了 18 000 亩的土地入股合同，按照每年盈利总额的 40% 分给群众，30% 分配给贫困户，其余的 30% 归公司所有。

双龙油茶产业示范基地

名称	单位	备注
种植规模	2 200 亩	涉及农户 81 户 346 人（其中建档立卡贫户 13 户 34 人）
基地已流转土地	2 200 亩	
土地租金	150 元/（亩·年）	
实现户均增收	4 286 元	238 人
获得收益的农户	56 户	
以土地入股获得收益的农户	25 户	108 人
公司、村集体、农户分红比	45%、10%、45%	
年产值	600 万元	
实现利润分红	200 万元	
农户户均增收	达到 7 000 元	
增加村集体经济收入	10 万元	
种植太子参	800 亩	
2019 年每亩产量	300 千克	产值 480 万元（预计纯收入 80 万元）
		基地劳务用工 1.8 万人次
		人工劳务支出超 160 万元
		实现贫困户户均增收 6 500 元

数据来源：根据调查数据整理。

（3）"公司＋贫困户"模式。玉屏洪涛茶油加工厂是专门从事油茶、大米精粗加工及销售为一体的省级龙头粮油企业。2018 年，其注入资金 551 万元开办了年产 200 吨的先进"冷榨"油茶生产线，带动周边剩余劳动力就业 120 人（其中易地扶贫搬迁安置点贫困户 10 人）。该模式按照注入资金的 8% 进行贫困户分红，每年累计分红 44.08 万元，实现全镇 1 573 户贫困户 5 896 人贫困人口增收，户均增收 280 元。

2. 复合发展推广行动

油茶 + 种植方式成效显著。如玉屏形成了油茶 + 太子参"以耕代抚、以短养长"的经营管理模式，每亩产量 300 千克，产值达到 480 万元。锦屏县打造"山核桃 + 油茶"示范建设基地，建设面积 400 亩，由锦屏县金森林业投资开发有限公司负责实施，推行薄壳山核桃与红花油茶套种，通过"国有企业 + 科研机构 + 基地 + 农户（贫困户）"的组织模式运行。贵州还依托油茶庄园、油茶人家和油茶乐园等，茶旅联动开发取得重大突破。

3. 技术标准、科技与政策扶持

自 2012 年以来，贵州省林业科学研究院报贵州省质量技术监督局批准立项了《油茶丰产栽培技术规程》《油茶苗木培育技术与质量标准》《油茶低产林改造技术规程》《油茶采穗圃建设与管理技术》《贵州油茶籽油加工技术规程》等 11 项地方标准项目。油茶主产区也开始编制地方标准体系，如黔东南州林业局立项《黔东南州油茶生产区划》等 18 个技术标准，并从 2016 年 7 月 17 日起施行。

铜仁市玉屏县加强油茶重大项目科学技术研究，为贵州省油茶工程技术研究中心和西南高原油茶资源创新利用中心提供科学实验基地。与大连民族大学联合在茅坡建设油茶高接换冠实验基地；筛选出了 24 个适合在铜仁市大面积推广的油茶优良无性系；获得"新油茶林高产栽培的分子设计方法"和"油茶丰产高接换冠的分子设计方法"2 项国家发明专利。

贵州省级层面设立油茶产业发展专项资金，发挥 1 亿元奖补资金的调控和激励作用，激发各类主体积极性。近年争取绿色产业基金油茶项目 13 个，项目资本金 17.11 亿元，申请绿色产业基金 31 亿元；争取"中国好粮油"油茶基地示范县项目财政资金 1.2 亿元。各市县统筹涉农资金，向油茶倾斜。积极争取银行贷款，如 2017 年中国农业发展银行贵州省分行向贵州玉屏千林林业投资公司发放林业资源开发与保护贷款，使用绿色金融债券资金 1.5 亿元；2017 年从江县用油茶林面积 146.68 亩作为抵押，向中国农业银行从江支行贷款 29 万元，油茶林变成了可抵押变现的"绿色银行"。油茶项目贷款 2019 年达到 47.10 亿元。

四、贵州化解油茶产业发展问题的做法与措施

贵州省油茶是继茶产业之后的又一充满潜力和希望的现代山地特色高效农业产业。坚持油茶产业绿色发展，将实现生态改善和脱贫致富双赢。贵州近年牢牢守住脱贫质量这条底线，确保全省贫困人口减少 140 万以上，24 个贫困县脱贫摘帽。

——贵州始终将油茶产业作为富民强省，实现乡村产业振兴的新路子，组织上强力推进，要素上主动保障。成立了省级负责人为组长的油茶产业发展工作领导小组，在省林业局设产业发展办公室，同时，在市、州、县成立了相应的组织机构主抓油茶产业建设，做到了油茶产业发展有人抓、有人管、专人负责。政策上鼓励和引导林农种植油茶，捆绑涉农资金对林农进行补助，整合农业技术力量对产业发展进行技术帮扶和指导，鼓励和引导企业、专业合作组织、造林大户及林农多方式发展油茶产业，以林权制度改革为契机，积极支持油茶种植企业、专业合作组织和造林大户承包山场，扩大发展规模，最大限度激发造林主体的生产积极性。强化措施，明确目标责任。将建设任务按年度计划分解落实到各市、州、县，甚至乡镇和村，建立实行乡镇干部、技术人员包片、包村、包户工作机制。突出重点，狠抓要素保障。第一，抓用地保障。为落实油茶产业用地，通过市、州、县有效组织技术人员对各类土地进行调查筛选核实，拓展油茶造林建设任务所需土地，对油茶建设用地优先解决木材采伐指标。争取更多的农户流转土地或拿出土地用于基地建设，促进土地落实。第二，抓资金筹措。通过整合林业、扶贫、水保、东西部协作及植被恢复费等项目筹措基地建设资金。做好"涉农"项目资金整合、项目资金申报，以及争取社会资本投入工作。

——贵州始终将油茶产业作为山地经济的增长极，产销上对接市场，经营上利益共享。首先创新经营模式，大力培育油茶种植基地、专业化育苗基地和加工企业。通过土地、技术、资金等多种方式入股，采取"基地（农户、大户）+企业""企业+合作社+农户"等形式，实现利润共享、风险共担。坚持政府引导、企业主导、群众参与原则，促进"经营主体+基地+农户"利益共同体的形成。如榕江县建立由县国有林场投资，统一标准种植，经营权移交村集体，将油茶林经营权发包农户按照统一技术标准的标准化经营管理模式。创新土地利用模式。通过实行统一规划、统一标准、先建后补、分户管理，推行"家庭式整村推进"模式，引导农户利用"田边地角"种植，有效扩大发展规模。创新种植模式。锦屏、岑巩等县开展林下套种中药材、茶叶等农作物，发展林下养殖，实现"长短结合""以短养长"。黔东南州开展了地方油茶品种的选择，共收集全国各地油茶优良材料800多份，并选育出本地良种黎平2号、黎平3号等油茶优良品种；并建成油茶良种采穗圃近860亩（天柱400亩，黎平270亩，锦屏190亩）。其次，创新市场主体培育。坚持政府引导，企业主导，群众参与的原则，引导企业、专业合作社、专业大户、农户等主体参与基地建设，促进"经营主体+基地+农户"利益共同体的形成，调动群众参与积极性。各市、州落实由国资企业承担示范区基地建设，发挥主体示范引导作用。各县积极落实国有平台公司承担基地建设示范主体，宣传引导企业、专业合作社、专业大户、农户等各种主体参与基地建设。第三，强化科技支撑。依托科研院所技术力量，加强与省内外高等院校、科研院所开展产学研深度合作，建立生产加工研发基地，围绕油茶产业良种选育、丰产栽培、病虫害防治、加工工艺、产品研发、技术质量标准体系建立等开展技术攻关以及成果引进、人才培养和品牌营销策划，促进油茶产业发展水平的提升。同时聘请专家以及与省林科院、贵州大学保持长期的科研协作关系，为全州油茶产业建设提供技术保障和服务。

——贵州坚持围绕油茶产业链，强化基地建设，推进加工销售，树立品牌形象。扩大油茶种植基地规模，是建设油茶产业的基础工程。一是重点抓好现有油茶林提质增效工作。立足现状，精准施策，对经营管理不善的低水平新基地进行精心抚育、精细管理，对低产低效老油茶基地分别采取清除杂灌、调整密度、垦复、土壤培肥、使用良种壮苗、大苗补植、更新复壮或重造、科学修剪及病虫害防治等综合技术措施进行改造，达到全面提升基地经营管理水平，促进油茶林短期内达到提质增效目标。二是抓好新建基地的高效建设。对新建油茶基地要推行标准化、高效化建设，注重造林地块的选择、高标准整地，施足底肥，坚持使用良种壮苗大苗，采取 2 个以上品种组合栽植，坚持"高起点规划，高标准投入，高质量建设"，强化精耕细作，高水平管理，集约化经营。要坚决改变"重造、轻管"的做法，决不再走"广种薄收"的老路。推进加工销售，实现一、二、三产业联动。一是推进精深加工。通过引进和大力培育扶持现有加工企业为龙头，支持现有油茶加工企业开展升级改造，培育企业自主创新能力，强化产品应用研发与精深加工，提高油茶综合利用率和综合效益。20 世纪 90 年代前，黔东南州靠土法及小作坊加工生产茶油毛油，生产的毛油除留下部分自食外，一部分茶籽和毛油被湖南、广西商贩收购到湖南、广西进行精加工。从 1998 年黎平县建立第一家年产 200 吨茶油的加工生产线，到现在全州建成加工企业 12 家（其中黎平 4 家、天柱 4 家、锦屏 3 家、从江 1 家），加工小作坊有 210 余户。规模较大的重点加工企业有贵州乔盛生物科技有限公司、黎平县霞宇油脂有限公司、贵州恒生源农业开发有限公司，企业年加工能力达 3.5 万吨。规模企业以加工油茶精油为主，小作坊加工产品为毛油。2018 年茶籽销售价格达 15 ~ 20 元 / 千克，茶油精油销售价格 170 ~ 200 元 / 千克，毛油市场销售价 100 ~ 120 元 / 千克，茶籽基本不存在滞销情况。其中，从江乔盛生物科技有限公司等企业，由生产油茶食用精油向药用茶油、茶油保健品、茶皂素、洗护产品、护肤产品等油茶延伸产品开发，油茶精加工和综合利用能力逐步得到提高。二是创新产销对接机制，构建油茶网络宣传和电商交易平台，开展油茶产品线上、线下销售。鼓励结合实际建立油茶现代物流集散中心、油茶专业市场，推动油茶加工、销售企业到一、二线城市建立销售窗口，促进油茶产品的流通，推动油茶产品销售。各油茶重点县基本建立了油茶产品的线上、线下销售渠道，油茶产品主要销售到杭州、北京、上海、广州、贵阳等城市。加强品牌建设，提高贵州油茶价值。立足生态优势和山区优质油茶特点，加强对加工销售企业的整合，积极推行生态种植，绿色发展，大力开展"三品一标"和质量认证等工作。目前黔东南州开展油茶基地有机认证面积 3.9 万亩，并编制发行了包含生产区划、良种选育、种苗生产、丰产栽培、基地建设、病虫害防治、茶油加工等各环节的黔东南州油茶综合地方标准共 18 项。"锦屏茶油""天柱茶油"和"黎平茶油"获得了国家地理保护产品认证。积极打造"中国好粮油"和"贵州好粮油"油茶产品，创建"中国好粮油""贵州好粮油"油茶示范县及示范企业。大力推动区域公共品牌创建，加大油茶宣传推介，提高知名度和影响力，拓展销售市场，扩大消费受众，促进黔东南油茶产业做大做强做优。注册创建了"藩鳌""贵州红""贵香园""黔金果""三星岩""高原星""那纳"等一批原生态山茶油商标品牌。黎平县黔香园油脂有限公司生产的油茶产品还获得"贵州省民营企业特色品牌产品"和"中国著名品牌"称号。

——贵州强化利益联结，持续营造绿色经济发展氛围。一是创新油茶产业建设的利益联结机制。推广"龙头企业＋合作社＋基地＋农户"及"统一建设标准，分户经营管理，统一组织销售，分户结算"经营模式，加强项目建设的利益联结机制督促指导。明确企业、合作社、村集体、贫困户的利益分配，帮助贫困户稳定获得订单生产、劳动力务工、政策红利、入股分红等收益，实现贫困群众脱贫致富和持续增收。二是推行"油茶＋林下经济"模式，实现"以短养长"。大力推广发展林下种植、林下养殖、林下产品采集加工和森林景观利用等四大类林下经济产业，重点打造"林＋""油茶＋"两个产业平台，建设"油茶＋林下经济"模式。如："油茶＋药"模式，在油茶林下套种石斛、白芨、白术、党参、天麻等中药材；"油茶＋菌"模式，在林下培育香菇、木耳等菌类等。"油茶＋禽"模式，在林下养鸡、鹅、蜂等；"油茶＋游"模式，完善油茶园区（基地）基础配套设施，开展森林旅游、农家乐、休闲等。"油茶＋粮"模式，在林下套种瓜果、豆类蔬菜、粮食作物等。三是重视将油茶作为绿色经济发展典范的宣传推广工作。油茶产业是一项经济周期长，发展前景广阔的生态长效产业。宣传好发展油茶产业的重要意义，提高群众对油茶绿色生态产业的全面认识。充分发挥乡镇党委政府和村支两委的主导作用，将油茶产业结合脱贫攻坚工作任务来抓，发挥以乡镇村级专业合作社为龙头的示范带动作用，整村推进油茶产业基地建设。通过创建示范基地，充分发挥示范基地的"传、帮、带"和辐射作用。牢固树立绿色可持续发展理念，充分利用油茶特色，因地制宜，开展油茶林下立体种养、生态休闲体验旅游、森林康养、茶油食品、文化创意一体化发展模式试点示范建设，推动油茶与旅游的有机结合。四是加强油茶品牌培育、价值和文化宣传，规范油茶加工及产品的市场准入机制，建立完善的产品质量标准。进一步推行油茶标准化生态种植，开展"三品一标"和质量认证等工作。从栽培技术，到产品加工、安全卫生、检验检疫、包装运输，以及原料供应和技术服务等环节要实现标准化生产和管理，积极打造"中国好粮油"和"贵州好粮油"油茶产品，创建"中国好粮油""贵州好粮油"油茶示范县及示范企业。通过新闻媒体、电视媒体、搜索引擎、户外媒体、信息流平台、社交平台等途径提升品牌效应，打响生态油茶品牌，提高知名度和影响力。

五、贵州油茶产业发展的解读

油茶是我国特有的木本食用油料植物，我国的油茶资源约占世界的 80%。大力发展油茶等木本油料，增加优质食用植物油供给，能够腾出更多的耕地种植粮食，有效维护国家粮食安全。国家非常重视油茶产业的发展，从 2008 年大力发展油茶产业以来，先后出台了 5 个国家级层面的政策文件。2009 年，国家发展改革委发布《全国油茶产业发展规划（2009—2020 年）》（发改农经〔2009〕2812 号），提出到 2020 年力争使我国油茶种植总规模达到 7 000 万亩，全国油茶产量达到 250 万吨的产业目标。国务院发布《中国食物与营养发展纲要（2014—2020 年）》（国办发〔2014〕3 号）和《国务院办公厅关于加快木本油料产业发展的意见》（国办发〔2014〕68 号），要求进一步加快油茶、核桃、油用牡丹等木本油料产业发展，大力增加健康优质食用植物油供给，切实维护国家粮油安全。2016 年，《全国大宗油料作物生产发展规划（2016—2020 年）》发布，正式将油茶与大豆、油菜、花生等列入全国大宗油料作物范畴。2020 年 10 月，国家林业和草原局办公室发布《油茶产业发展指南》（国家林草局便函改〔2020〕496 号），系统地指导全国油茶产业的健康发展。2019 年 11 月，国家林业和草原局提出，到 2025 年，全国油茶种植面积达到 9 000 万亩，其中包括低产油茶林改造 2 000 万亩，茶油年产量达到 200 万吨（即推迟 5 年后，达到 10 年前规划产油量的 80%），产值达到 4 000 亿元；到 2035 年前后，种植面积达到 1.1 亿亩，油茶综合产值超万亿元。

油茶发展十余年以来，成绩不尽如人意。与规划相比，截至 2019 年底，全国种植面积超过 6 800 万亩，基本达到目标。但是，产油量只有规划的 26%，平均每个加工企业生产茶油只有 640 吨，90% 的加工企业生产能力闲置。这个现实不是产业本身的问题，而是由种植业经营管理中的突出问题决定的。据专家分析，全国油茶产业未达到规划目标的原因，一是良种，二是良法。我国虽然建立了严格的良种管控措施和体系，但由于良种选育周期长，在地培育数量有限，各地方下达的种植规模往往超过当时苗圃所拥有的良种，致使大量非良种流入市场。油茶良种间产量和质量差异大，同样是良种，有的亩产 150 千克，有的亩产 250 千克，而有的能达到 800 甚至 1 000 千克；有的鲜果出油率 5%，有的能达到 11%。另外，油茶种植与管护有其自身的规律，不遵从其规律，胡种乱管或不管都会导致现实低产。

发展油茶产业是助推农业结构调整、乡村振兴繁荣的重要抓手，具有良好的经济效益、生态效益和社会效益。发展油茶产业，要始终心怀"国之大者"，牢牢守住保障国家粮食安全底线。贵州作为典型的西部山区，92.5% 的辖区面积为山地和丘陵，耕地极其有限，又面临着经济发展和生态保护的双重任务。2019 年以来，贵州省委、省人民政府将油茶列入全省深入推进农村产业革命的 12 个特色优势产业之一，成立产业发展工作专班，由省级领导领衔推进，从产业规划、资金支持、科技保障、品牌打造等方面，全方位推进油茶产业发展。这既契合国家粮油安全的总体战略部署，又符合贵州的具体发展实际。截至 2020 年，贵州油茶产业总面积达到 294 万亩，带动了 10 多万贫困人口增收。贵州油茶产业发展的启示如下。

一是要做好油茶适生区研究，加强基地建设。以"适地适树、良种良法，集中集约、规模发展"为基本原则，选好苗子，实施好良种良法，解决好品种、产品开发问题，构建三产融合发展体系。

优化区域布局、全面推广良种壮苗、有序拓展种植规模。在扩种、改造油茶不影响林地保有量和森林覆盖率的前提下，支持利用低效茶园、低效人工商品林地、疏林地、灌木林地等各类适宜的非耕地国土资源改培油茶，扩大油茶种植规模。支持油茶林依据森林法纳入森林覆盖率、森林碳汇调查监测统计范围。围绕"省级做品牌、企业做产品、林农做基地"的基本思路，全面构建"政府引导、企业主导、农民主动"的新型产业关系，激活产业内生动力，做大、做强油茶产业。

省财政坚持以市场化为导向，向资本看好的项目聚焦和倾斜。积极支持油茶龙头企业建设一批标准化、集约化、规模化、产业化的高产油茶示范基地，延伸全产业链条。同时，加大对科技推广、产品研发、市场拓展、渠道建设、风险防范等薄弱环节的扶持引导，还充分运用专项验收评估和绩效评价成果，推行奖优罚劣机制，加大对工作成效明显地区的财政支持力度，抓好项目实施和绩效管控，不断提升资金管理水平。整合各类相关专项资金，强调协同作战、注重规范管理，对项目联合申报评审、资金统筹安排使用、绩效监督与评价等提出统一明确要求，紧盯资金实施绩效等关键环节，实现对油茶产业项目的全生命周期监管。

培育新型经营主体，形成社会资本参与油茶产业发展的多元化开发格局。过去在基地建设中多数采用"公司＋基地＋农户"的模式进行，这种模式导致出现一些纠纷、矛盾，在权属、意愿等方面难以解决，使基地建设复杂化。应该加强对龙头企业、合作社与种植大户的扶持力度，鼓励推广油茶产销专业合作社模式，按照依法自愿的原则引导林农开展联户种植，发挥种植大户在油茶产业中的辐射、示范和带动作用；鼓励企业与新型农业专业合作组织合作，由合作社通过租赁、入股分红等方式解决本区域的群众、林权集中流转问题，再与企业对接合作，形成风险共担、利益共享的新型联合体。

二是坚持目标导向、问题导向、高质量发展导向，创新利益联结机制，协调促进油茶产业发展。协调政府和社会各方，搭建好服务企业的资金池，进行全产业链开发，发挥油茶产品的综合效益。探索林药、林菌、林蔬、林园等油茶复合经营模式，促进林禽、林畜、林蜂等油茶林下养殖业向规模化、标准化发展。

完善多元化利益联结机制，推广"龙头企业＋专业合作社＋农户""保底分红""二次返利"模式；推广"公司（合作社）＋基地＋农户"等成熟运作模式，使企业和农户成为风险共担、利益共享的生产经营共同体，构建长效稳定的合作机制。着力引导企业、合作社和种植大户与农户建立契约型、分红型、股权型等合作方式，把利益分配重点向产业链上游倾斜，切实解决油茶种植农户的"急难愁盼"问题。通过鼓励流转或以借山、租山的形式进行规模化经营，对油茶林的经营权适度进行集中管理。引导林地合理流转，鼓励各种市场主体通过承包、租赁、转让、股份合作经营等形式参与油茶基地建设，以实行专业化经营、管理，提高经营者的规模效益，产生规模效应。通过林地流转实现以地增收，劳务用工实现以劳增收，入股合作实现分红增收，生态保护实现护林增收，自主造林实现长效增收。探索实施油茶籽最低价收购政策，通过长短结合、以短补长，全面提升优质生态产品的供给能力，提高油茶林地综合经营效益，形成可持续发展的绿色产业体系。

建立稳定的产销联结机制，逐步形成资源培育基地化、经营管理集约化、林油发展一体化的发展格局。利用直采直供、农村电商、网络营销等现代物流和新型营销方式，推动生产者融入现代销售物流体系。鼓励油茶产区招引孵化精深加工企业，支持油茶加工企业申报省级以上龙头企业、高新技术企业。引导龙头企业、专业合作社等新型经营主体就近布设初加工点，建设油茶鲜果、干油茶籽和初榨毛油的烘干脱壳、冷链、物流、仓储等配套设施。特别是以林长制改革为引领，深入开展林业增绿增效行动，推动油茶产业规模化、多元化发展。鼓励各地依托油茶园区、种植基地，因地制宜发展生态旅游、森林康养产业，发展林下经济。油茶根系发达，枝叶繁茂，枯落物丰富，既有保持水土的生态功能，又有改善美化环境的景观功能。拓展油茶的生态功能，通过"产业+旅游""文化+旅游""养生+旅游"等多条致富路径，挖掘油茶文化，使油茶产业逐步成为助力乡村振兴的新引擎。

三是做好技术支撑，解决油茶良种采穗、苗木繁育、精深加工发展等技术难题。完善油茶早实丰产栽培配套技术，推广"油茶+茶叶""油茶+单季作物"等套种间作栽培模式，创新低产林简易、高效改造模式。支持加快"贵州茶油"良种、良机、良法等标准体系建设，不断提升油茶生产标准化、机械化、规范化水平，油茶杂交育种、分子技术、源库调控、测土配方施肥等现代技术得到推广应用，形成了配套良种繁育和栽培管理技术体系。加强丘陵山区油茶种植管护机械化研制推广，加强油茶剥壳、烘干、精深加工等环节先进适用机具研制推广。鼓励油茶企业开发新产品，延长油茶产业链条，深入挖掘油茶产业价值。开发的油茶护肤品、有机肥料等系列产品，茶树叶、茶花、茶粕等产品，进入化妆品、日常用品领域，为油茶产业发展注入新活力。

四是培育知名茶油品牌，推动构建以公用品牌为引领，地方区域特色品牌、企业知名品牌相融合的品牌体系。建设品牌、提升品牌知名度，提高油茶品牌的市场占有率和竞争力，是油茶产业持续发展的必然选择。从加快资源整合、打造品牌效应出发，引导企业资源共享、互惠互赢，支持油茶龙头企业、社会团体申报森林生态标志产品以及绿色食品、有机食品、地理标志农产品。同时加快制定茶油地方标准体系，统一质量标准，制定高原油茶技术规范，规范企业产品检测体系，规范行业自律。健全产品质量送检、抽检、公示和责任追溯制度，实现高原油茶的标准化、制度化、规范化发展。提升品牌知名度，鼓励油茶优势产地、产品加工基地与电商销售平台对接，打造"网红"品牌。鼓励油茶企业参加各类博览会、展销会，立足国内，走向国际，扩大市场空间，多方拓宽渠道打响品牌。围绕油茶"产量""质量""品牌"等关键环节，在投入上建机制、出实招，积极推动油茶生态优势向产业优势和发展优势转化，有力促进全省油茶产业持续健康发展。

【案例 6】贵州刺梨产业的发展路径

　　刺梨属于多年生的蔷薇科蔷薇属植物，为落叶小灌木，主要产于陕西、甘肃、湖南、四川、云南、贵州等省区，其中贵州省的野生刺梨资源分布居全国之首。它因根系发达、适应性强、生长快、耐瘠薄、耐寒特性，成为贵州喀斯特地区石漠化治理的首选树种。

　　贵州刺梨果实甜酸，含有大量维生素，食用及药用价值都很高。它凭借拥有较高的维生素 C（VC）、芦丁、超氧化歧化酶（SOD）含量，享有"三王之果"的美誉。贵州是最早开发利用刺梨资源的省份，民间利用已有 400 多年的历史。刺梨的花、种子、果实、叶子都可以入药，在贵州民间具有悠久的药用历史，已经作为少数民族药材被列入《贵州省中药材、民族药材质量标准》（2003 版）和贵州苗族等少数民族药材目录。有关刺梨的保健产品主要有刺梨口服液、冻干粉胶囊、胶原蛋白果汁等，还有以刺梨速溶发膜、刺梨补水面膜为代表的日用品。贵州刺梨以品类日渐丰富的"商品"姿态参与市场竞争，走出贵州深山。在健康越来越被重视的当下，刺梨的价值正在被放大，从区域产品走向全国市场。

　　贵州省委、省人民政府审时度势，认为大力发展刺梨产业，既是守住发展和生态两条底线的具体要求，也是深入实施农村产业革命、调整农村产业经济结构、带动农村群众脱贫增收的重要途径。

　　贵州省刺梨产业是农村产业革命 12 个特色产业之一，2019 年 5 月 15 日，刺梨发展推进会在贵阳召开。2019 年 6 月 20 日，《贵州省农村产业革命刺梨产业发展推进方案》（2019—2021 年）提出目标：培育和引进一批刺梨加工龙头企业，发展一批刺梨拳头产品，打造一批刺梨知名品牌，开发一批样板市场，建设全国刺梨种植、加工、销售大省。截至 2021 年，贵州省刺梨产业种植面积 210 万亩，鲜果产量 28.91 万吨，鲜果销售均价高于保底收购价 2 元，达 1.45 元 / 千克，生产刺梨产品 16.14 万吨，实现产值 111.64 亿元[①]。

---

① 王蕾 .2021 年贵州刺梨产业产值 111.64 亿元 [EB/OL]. 贵阳网，2022–01–20.

一、贵州发展刺梨产业的做法

2019 年 10 月 11 日，贵州省财政厅、工业和信息化厅、林业局联合印发《贵州省农村产业革命刺梨产业发展专项资金管理办法（试行）》，进一步规范农村产业革命刺梨产业发展专项资金管理，提高资金使用效益，促进贵州省刺梨产业高质量发展。

1. 政企合力推动刺梨产业兴起

一系列政策出台、一系列行动开展，刺梨产业实现从使用价值到商业价值的腾飞，刺梨从山中"野果"变成货架上的"珍果"。2018 年，贵州刺梨连片种植规模面积在 156 万亩以上，种植规模全国第一；2019 年，刺梨种植面积稳定在 175 万亩，综合产值 30.35 亿元。2020 年，贵州省刺梨种植面积达到 200 万亩，占全国刺梨种植面积的 90% 以上，刺梨鲜果产量 10 万吨，鲜果加工成原汁 4.05 万吨，实现产值 16.2 亿元。2021 年，全省刺梨种植面积达 210 万亩，鲜果产量在 13 万吨以上，刺梨加工产品销售产值在 20 亿元以上[①]。

（1）刺梨产业发展政策指明方向

2014—2019 年，贵州省人民政府共颁布 17 条有关刺梨发展的政策和意见，其中 2015 年 1 月 14 日印发的《贵州省推进刺梨产业发展工作方案（2014–2020 年）》（黔府办函〔2015〕1 号）的通知，堪称刺梨产业重磅级政策。该文件明确了"重点在六盘水市、安顺市、毕节市、黔南自治州等 4 个产业基础较好的市（州）、14 个县（区、特区）打造刺梨产业带，建设生产、加工、销售一体化产业链。计划到 2020 年，全省刺梨种植面积达 120 万亩（其中规划新造刺梨基地 90 万亩）；进入盛产期后，年产鲜果 120 万吨，基本满足省内加工企业需要和消费者需求；刺梨产业实现年总产值 48 亿元，成为贵州省打造现代高效农业，实现精准扶贫和改善生态环境的重要产业"的目标，这为刺梨产业发展指明了方向。

2019 年 6 月，《贵州省农村产业革命刺梨产业发展推进方案》确定了组建贵州省刺梨行业协会，成立贵州省刺梨产业研究院，开展刺梨种植、加工的相关标准研究制定。在《贵州省刺梨产业 2020 年工作要点》中，提出要整合省内现有刺梨科研力量，重点开展刺梨种植标准、加工标准、新产品研发标准、产品质量控制标准等研究。提出发展目标是：刺梨全省种植面积达 200 万亩，鲜果产量达 10 万吨，鲜果销售收入 4 亿元，刺梨加工产品销售收入 10 亿元以上，同比增长 30% 以上。贵州省人民政府职能部门，通过政策支持和资金保障，以及搭建科技、标准、监管、流通、金融人才等产业平台、组织对接市场与渠道资源，为产业和企业赋能；贵州省刺梨行业协会，也在利用资源整合，制定产品团体标准、开展品牌营销推广与价值评价、进行相关品牌研究。

---

① 杨方红，杨邦祝，魏怡冰，等 . 贵州刺梨产业发展概述 [J]. 中国食品，2022（14）：130–132.

贵州省刺梨产业政策

时间	发布文件名称	主要内容	颁布单位
2019 年 2 月 15 日	关于印发 2019 年《政府工作报告》重点工作责任分工方案的通知（黔府办发〔2019〕2 号）	大力发展刺梨、猕猴桃、火龙果、百香果、蓝莓等精品水果，实现规模化生产	贵州省人民政府办公厅
2019 年 2 月 1 日	关于支持黔南自治州加快推进绿色发展建设生态之州的意见（黔府发〔2019〕3 号）	省级财政从 2018—2020 年每年安排农业专项资金给予支持。大力发展产出高效、产品安全、资源节约、环境友好的现代山地特色高效农业，增加绿色、有机、安全农产品供给，实现茶园、刺梨、精品水果、蔬菜、中药材、青梅等产业的提质扩面增效，推动形成茶叶、刺梨、水果三大产业跨区域全产业链	贵州省人民政府
2019 年 1 月 2 日	关于开展森林生态产业资源大普查的通知（黔府函〔2018〕214 号）	重点发展刺梨、油茶、核桃、蓝莓、茶叶、三叶木通、茎花山柚、青钱柳等本地优势品种	贵州省人民政府
2018 年 12 月 24 日	贵州省十大千亿级工业产业振兴行动方案（黔府发〔2018〕33 号）	生态特色食品产业。大力发展茶叶制品、天然饮用水、调味品、肉制品、粮油制品、果蔬食品、软饮料、乳制品、刺梨制品、核桃制品、竹笋制品、食用菌制品、石斛、酸汤等特色食品加工业。到 2020 年，生态特色食品产业产值达到 1 200 亿元。到 2022 年，生态特色食品产业产值达到 1 500 亿元	贵州省人民政府
2018 年 11 月 30 日	生态优先绿色发展森林扩面提质增效三年行动计划（2018—2020 年）	建设刺梨、油茶、核桃、竹、花卉苗木及珍贵林木、木本中药材、工业原料林、生态精品水果、生态有机茶叶、国家储备林等十大林业产业基地。推进林业产业集聚发展，构建林产品精深加工产业集群和产业带，开发高端精品，拓展刺梨、油茶、核桃等贵州特色生态产品的市场占有率	贵州省人民政府办公厅
2018 年 10 月 12 日	关于支持安顺市大健康医药产业加快发展的意见（黔府办发〔2018〕34 号）	支持安顺市特色深加工企业以金刺梨、薏仁、金银花、桔梗等开发药膳食药品、橘酸枣汤、药酒、药茶、保健品等产品，创建一批具有安顺特色的国家"健"字号品牌	贵州省人民政府办公厅
2018 年 1 月 15 日	贵州省生态扶贫实施方案（2017—2020 年）（黔府办发〔2018〕1 号）	因地制宜大力发展刺梨、核桃、板栗、樱桃、猕猴桃等特色产业，建成一批高标准、高质量的经果林基地，带动建档立卡贫困户 41 万户、164 万人，人均增收 2 000 元左右	贵州省人民政府办公厅

续表

时间	发布文件名称	主要内容	颁布单位
2017 年 9 月 15 日	贵州省发展中药材产业助推脱贫攻坚三年行动方案（2017—2019 年）（黔府办发〔2017〕47 号）	主要在黔西南州、黔南州，重点发展兴义石斛与金（山）银花、安龙白芨与金（山）银花、兴仁薏苡、龙里及贵定刺梨、罗甸艾纳香、惠水皂角刺等；大力推动药食两用中药材产业化生产，支持以天麻、太子参、刺梨、石斛、金银花、艾纳香等为原料的药食两用产品和养生保健品开发，推动中药材种植基地建设与乡村旅游、文化推广、生态建设、健康养老等产业深度融合	贵州省人民政府
2017 年 5 月 3 日	关于印发贵州省贯彻落实《西部大开发"十三五"规划》实施方案的通知（黔府办函〔2017〕62 号）	优化精品水果种植结构和区域布局，重点发展火龙果、猕猴桃、刺梨、苹果、蓝莓等	贵州省人民政府办公厅
2016 年 10 月 20 日	关于促进医药产业健康发展的实施意见（黔府办发〔2016〕39 号）	拓展以鱼腥草、金银花、刺梨、太子参等为原料的纯天然植物保健饮料市场	贵州省人民政府办公厅
2016 年 1 月 26 日	关于转发省经济和信息化委省扶贫办贵州省中药材保护和发展实施方案（2016—2020 年）的通知（黔府办函〔2016〕9 号）	挖掘和继承太子参、何首乌、淫羊藿、金钗石斛、头花蓼、金（山）银花、刺梨、杜仲等道地中药材生产和饮片加工技术，形成 5 ~ 7 种道地大宗优质中药材标准化生产和产地加工技术规范，加大在适宜地区推广应用的力度	贵州省人民政府
2015 年 11 月 12 日	关于推进全省林业产业发展的实施方案（黔府办发〔2015〕43 号）	按照"无公害、绿色、有机"标准，大力发展刺梨、蓝莓、猕猴桃、葡萄、桃、李、苹果、杨梅、樱桃、石榴等精品特色水果种植。以黔南州、安顺市、六盘水市、毕节市的 14 个县为重点，大力发展刺梨种植。到 2017 年，新建刺梨基地 60 万亩，使基地总规模达到 100 万亩，加快刺梨饮料、冻干粉等系列产品研发，促进精深加工，产业总产值在 50 亿元以上	贵州省人民政府
2015 年 6 月 9 日	贵州省医药产业、健康养生产业发展任务清单（黔府办函〔2015〕40 号）	大力发展药膳保健产品。重点打造以大方县、德江县为中心的天麻种植区，以施秉县、黄平县为中心的太子参种植区，以剑河县、锦屏县、丹寨县为中心的钩藤种植区，以赤水市、独山县为中心的石斛种植区，以龙里县、长顺县、兴仁县为中心的刺梨种植区，以绥阳县、安龙县、思南县为中心的金银花与山银花种植区	贵州省人民政府

续表

时间	发布文件名称	主要内容	颁布单位
2015 年 5 月 8 日	贵州省食物与营养发展实施计划（2014—2020 年）（黔府办函〔2015〕53 号）	立足区域资源禀赋，加快建设火龙果、猕猴桃、蓝莓、刺梨、葡萄等果品基地，推进优势果品向优势产区集中，优化果品供给结构，提高高档果品比重	贵州省人民政府
2015 年 2 月 27 日	绿色贵州建设三年行动计划（2015—2017 年）（黔府办发〔2015〕9 号）	以坡耕地和立地条件较好的宜林荒山为重点，通过实施退耕还林、石漠化综合治理、扶贫专项、现代农业发展专项等工程项目，连片推进，规模经营，结合地域条件，积极培育刺梨、油茶、核桃、茶叶、木本中药材等特色种植业；六盘水市重点发展核桃、刺梨、红豆杉产业；安顺市重点发展金刺梨、李等水果产业	贵州省人民政府
2015 年 1 月 14 日	贵州谷推进刺梨产业发展工作方案（2014—2020 年）（黔府办函〔2015〕1 号）	重点在六盘水市、安顺市、毕节市、黔南州等 4 个产业基础较好的市（州）、14 个县（区、特区）打造刺梨产业带，形成生产、加工、销售一体化产业链。到 2020 年，全省刺梨种植面积达 120 万亩（其中规划新造刺梨基地 90 万亩）；进入盛产期后，年产鲜果 120 万吨，基本满足省内加工企业需要和消费者需求；刺梨产业实现年总产值 48 亿元，成为我省打造现代高效农业，实现精准扶贫和改善生态环境的重要产业	贵州省人民政府

资料来源：根据贵州政府网站文件整理。

《贵州省国民经济和社会发展第十四个五年规划和 2035 年远景目标纲要》中提出，"十四五"规划时期刺梨种植面积达到 230 万亩、刺梨产量 15 万吨，打造培育刺梨超 100 亿元产业集群，刺梨加工产业产值达到 100 亿元，大力发展刺梨等优势特色果蔬饮料，持续扩大刺梨产业规模，培育壮大"贵州刺梨"等优质产品品牌。

（2）刺梨产业连接着贫困农户的钱袋子

贵州省刺梨经济带呈集中成片分布，目前已基本形成以六盘水、黔南、毕节、安顺为代表的 4 个刺梨产业经济带。其中，六盘水刺梨种植主要分布在六枝、盘州、水城等地；黔南州刺梨种植主要分布在龙里县；毕节刺梨种植主要分布在七星关、大方、黔西、织金、金沙、纳雍等地；安顺刺梨种植主要分布在西秀、平坝、普定、镇宁。在贵州，盘州市、龙里县、七星关是刺梨种植的重点县（市、区），其中，盘州市的刺梨种植面积达到 60 余万亩，占全省刺梨种植面积的近三分之一。2020 年，贵州刺梨产业快速发展，种植面积突破 200 万亩，全年销售收入 12 亿元。销售鲜果 0.2 万吨，销售价格为 2.5 ~ 4 元 / 千克，收购价格一直保持在 1.25 ~ 1.75 元 / 千克，亩均纯收益 4 000 元。仅 2018 年，全省累计带动 30 万农户、108 万人受益，户均增收 2 300 余元。2020 年户均增收突破 7 000 元，有力带动了农民增收致富。

在安顺市普定县马官镇千亩金刺梨种植示范基地，累累果实挂于枝叶间。金刺梨是渐次成熟，只能人工采摘，采摘期将持续一月有余，工资日结，又将为周边农户带来一笔可观的务工收入。裕源鼎金刺梨种植专业合作社负责人介绍："我们合作社的 400 亩金刺梨预计产果 35 万千克，到时仅是采摘，每天至少需要临时工 60 人。"任某某是马官镇建档立卡贫困户，在该合作社务工整整 5 年了，月工资 2 500 元左右。"农忙的时候还可以优先照顾自己家的田地。采摘期又有一笔收入。"任某某对种植金刺梨所带来的可喜变化十分兴奋。数据显示，安顺金刺梨产业覆盖全市 55 个乡镇 345 个村，其中，惠及贫困村 168 个，涉及种植合作社 75 个、大户 523 户、散户近 2.75 万户，带动受益人数 9.52 万人。带动增收人数 2.3 万户 9.26 万人，人均增收 1 200 元以上，其中受惠建档立卡贫困人口 1.67 万人。

2000 年，贵州龙里以退耕还林为契机鼓励全县人民种植刺梨，经过 10 多年的发展，全县 2018 年刺梨总面积 21 万余亩，涉及群众 7 917 户。刺梨投产面积 5 万余亩。2017 年，贫困户销售刺梨鲜果 1 250 吨，实现销售收入 625 万元。"我家种的刺梨有 100 来亩，一年产量 2 万千克左右，主要是卖给恒力源公司，去年就卖了五六万元钱。"龙里县洗马镇猫寨村新寨组村民冯某某说。据了解，该村是恒力源公司指导建立的刺梨基地，全村种植面积超千亩，企业提供种植标准，生产的鲜果公司照单全收。龙里刺梨产品开始销往北京、上海、广州等一线城市和日本、韩国以及东南亚国家。刺梨产业已成为当地农民增收致富的绿色支柱产业。龙里发展之路为贵州特色产业发展提供了借鉴的范本。

同样的模式，贵定山王果集团也在当地农村自建有机生态刺梨种植基地 2 万余亩，并与 4 个刺梨种植村级合作社签订了长期监管和保底收购协议，通过以企带社、以社带贫困户，让贫困群众在刺梨产业的发展中获益。目前已辐射合作社、种植户发展生态刺梨基地 6 万多亩。

六盘水刺梨种植面积占全省的 40%。拥有刺梨加工企业 4 家，年加工能力 68 万吨，占全省现有加工总能力的 76.49%，是全省最大的刺梨加工基地。100 万亩刺梨，以每亩每年创造 10 个劳务用工计算，可创造劳务用工 1 000 万个，需兑现劳务费工资 10 亿元以上。发展刺梨产业过程中，六盘水依托"三变"改革，坚持一手抓土地产能释放、一手抓产业效益分配，按照"公司出资建设、合作社出智管理、农户出地出力"的思路，采取"公司＋合作社＋农户""公司＋能人＋农户"等方式深化利益联结，引导经营主体建立以优先聘用、股份合作、保底分红为主的利益联结机制，有效带动了贫困群众增收致富。

（3）刺梨企业开拓新市场

贵州按照"把农产品变工业品、把工业品变健康消费品"的思路，大力发展刺梨加工，不断提升刺梨产品附加值。

作为首家开发刺梨醋的企业，香港千禧园集团董事长杨胜东说，刺梨既是贵州的特色产业，也是未来大健康领域的优势产业。千禧园集团专注贵州生态健康产业，主打产品刺梨醋饮品，是集团布局刺梨产业链的关键一环，该产品已经销往贵州、重庆、湖南、广东、福建等地。

贵定县的山王果集团刺梨加工生产车间建有全自动刺梨压榨系统和常温高频磁力线切割杀菌系统、充氮低温无菌储存系统，以及两条自动灌装线。近年来公司成功研发零添加的刺梨原汁系列，获得国家实用新型专利22项。2019年销售原汁3 500吨，产值超3亿元。

位于龙里县高新技术产业园的贵州恒力源天然生物科技公司刺梨加工车间引进先进的刺梨榨汁生产线，并已建成国内领先的规模化、标准化刺梨深加工自动化流水线。目前该公司已开发出刺梨浓缩汁、刺梨原浆、刺梨饮料、功能性饮料、刺梨含片及刺梨口服液等系列产品，年均消耗刺梨鲜果5 000吨，年均产值8 000万元左右。

据贵州省工业和信息化厅刺梨产业专班介绍，2016年起，全省在实施"千企改造"工程中，就已经加大对刺梨加工企业的培育打造。全省有盘州宏财农投、贵阳老来福、安顺天赐贵宝、贵定山王果、龙里恒力源等一批重点加工企业40家，规划加工能力89万吨，综合产值37亿元，逐渐形成了一个生态、健康、特色的朝阳产业。围绕六盘水、黔南、安顺、毕节4个刺梨产业经济带，盘州、龙里、七星关等15个刺梨种植重点县，一是推进良种选育，做好"贵龙5号""贵龙7号""金刺梨"等良种推广。二是提升种植基地规模化标准化水平。在加工企业的带动下，贵州农民建成了相应的刺梨种植基地，被带入了整个产业链条的生产端，将具备条件的刺梨连片种植区域打造为刺梨种植示范化基地。

六盘水市、毕节市、安顺市、黔南州和部分刺梨种植重点县以问题为导向、以市场为导向推进产业发展。贵州刺梨产业的种植模式多为"合作社＋农户""企业＋合作社＋农户"，以农民个体种植和合作社种植为主。在盘州刺梨产研中心，专门成立了"中国刺梨产业研究院"，与中国农业大学、贵州大学、台湾宜兰大学及多家生物工程公司开展合作，组建博士工作站和硕士工作站，研发刺梨食用品、护肤品、保健品、药用品系列产品30余种。

2. 建设品牌并打响品牌

"贵州刺梨，是贵州最具话语权的原产物种，是贵州12个特色产业中最具唯一性的产业，既是大生态产业，又是大健康产业。"贵州省品牌建设促进会法人、多彩贵州品牌研究院院长说。站在全国甚至全球的角度，"贵州刺梨"都是具有领先性的优势特色产业品类和潜在超级大单品品牌。

"新酿刺梨邀一醉，饱与香稻愧三年。"清道光十三年（公元 1833 年）吴嵩梁在《还任黔西》中对刺梨有过这样的描述。贵州省委政策研究室决策咨询特聘专家说："就像枸杞之于宁夏、椰子之于海南，贵州可以把刺梨产业打造成独具特色和区域性格的农业爆款品牌。" 从省级公共品牌层面，贵州刺梨要像宁夏枸杞、甘肃青稞、海南椰子等省级特色产业一样，要以价值性、稀缺性为导向，宣传推广上则要建立起自己的话语体系，要"始于高度、终于大众"，和消费者建立信任。

（1）强化品牌培育和宣传推介

为提高刺梨知名度，打开产品销售渠道，贵州采取密集投放广告开路、积极参加各类会展、强化科技支撑引进专家智囊、引进具有丰富市场实战经验的实体经济企业，协力掀起"刺梨热"。在中央电视台、广东电视台和贵州电视台，投放 5 秒和 15 秒版贵州刺梨广告，在上海地铁、拼多多等多种渠道宣传，全力打造"贵州刺梨"公共品牌，带动刺梨销售，提振行业发展信心。

贵州省工业和信息化厅、总工会和交通运输厅合力支持组建贵州刺梨推广运营中心，推动"黔货出山"，树立"贵州刺梨"整体形象。在推广刺梨品牌的同时，将品牌影响力转化为消费者购买动力。

省公路局扶贫农产品直营店暨贵州省刺梨产业推广运营中心，是由省公路局下属企业贵州亨达公路资产运营管理有限公司和省总工会下属新长征集团联合打造，分为上下两层：一层为扶贫农产品直营店，涵盖了遵义、安顺、开阳、瓮安、从江等全省多地贫困村的大米、菜籽油、茶叶等共计 700 多种扶贫农产品，二层为贵州省刺梨产业推广运营中心，展示 10 户贵州刺梨公共品牌授权企业的拳头产品，打造贵州刺梨线下体验中心和贵州刺梨集中营销平台。

省公路局扶贫农产品直营店

中烟新商盟供应链管理有限公司是以运营酒类产品和优质农产品、有机食品为主的专业化供应链管理公司，全面管理运营中烟新商盟非烟业务平台。中烟新商盟认为，贵州刺梨具备打造成贵州省第四张名片的潜质，拟与宏财集团开展深度合作，助推贵州优质生态特色食品"黔货出山"，探索特渠明星产品营销新模式。

2019年6月8日，随着"贵州刺梨"公共品牌正式启动，以及"贵州刺梨"系列标准出炉，贵州刺梨品牌化建设又迈上了一个新的台阶，在省级公共品牌龙头引领下，贵州刺梨产业踏着工业化、标准化、品牌化步伐，昂首走向新的高质量发展阶段。伴随着刺梨抗疲劳、抗氧化、抗衰老等独特价值正在被人们广泛认识和接受，刺柠吉、天刺力等刺梨产品品牌正响彻神州大地，小小刺梨正成为"网红水果"。

2019年8月25日，贵州省刺梨行业协会成立，打造"贵州刺梨"公共品牌又增新抓手。贵州宏财投资集团有限责任公司、贵州山王果健康实业有限公司、贵州恒力源天然生物科技有限公司、贵州天刺力生物科技有限责任公司、贵州天泷集团投资开发有限公司等10家刺梨企业被授予"贵州刺梨"公共品牌使用权。

贵州山王果健康实业有限公司是被授予贵州刺梨公共品牌使用权的企业之一，公司主做刺梨原汁产品，坚持生产纯天然的刺梨产品。未来，山王果将按照"品牌战略统一、市场形象统一、质量标准统一、宣传推广统一"的原则，把"贵州刺梨"公共品牌打造成贵州金字招牌。公司首席执行官表示，将来将分享在有机刺梨种植生产方面的经验，深入推进刺梨标准化建设，推动建成更多良种和优质高产种植示范基地，提升刺梨加工产品质量。

而贵州恒力源天然生物科技有限公司常务副总林建则认为，公共品牌和标准的发布，对于企业未来的品牌推广、市场拓展、销售带动起着至关重要的作用。"让企业在产品标准上更加严格，为企业品牌化发展指明了方向。"贵州省刺梨行业协会会长、贵州宏财投资集团有限责任公司总经理李波表示，在公共品牌和众多产品品牌的双轮驱动下，贵州刺梨将改变贵州刺梨"散、小、乱"，缺乏品牌带动的不利局面。

"品牌蓝图"正通过"品牌路线图"，逐步阶段性落地，变成可持续发展。在"贵州刺梨"公共品牌背景下，刺梨工业也在强势崛起，涌现出了天赐贵宝、刺柠吉、千禧园、刺梨王、天刺力等区域性品牌。发挥企业主体作用，分类推进企业品牌和产品品牌建设，刺梨王、天刺力、魔梨、山王果、恒力源等一批具有一定知名度和影响力的区域性品牌，发展动能强劲。

（2）加大刺梨产品营销推介

为整合行业内外优势资源，聚焦产销对接，打通线上、线下销售渠道，助力贵州刺梨产业高质量发展，运营中心将持续推介"贵州刺梨"公共品牌。"贵州刺梨"公共品牌及其系列标准的发布，树立"贵州刺梨"整体形象，进一步增强贵州刺梨产业市场竞争力。凡符合条件的刺梨加工企业统一冠名"贵州刺梨"品牌，能树立起贵州刺梨整体品牌形象，增强市场综合竞争力，进一步提升贵州刺梨产品的知名度和美誉度。

贵州组织刺梨加工企业参加中国进出口商品交易会（广交会）、食品博览会、农业博览会等各类营销展会，以体验、品鉴等方式深入开展宣传推介活动。此外，贵州瞄准高铁、地铁、十字路口等人流量大的枢纽，集中播放贵州刺梨宣传片。上海地铁17条线路所有车厢及站台的3万多块显示屏免费播放贵州刺梨公益扶贫广告，提高了贵州刺梨在上海的知晓率。在上海市对口帮扶地区特色商品展销会上，开馆100分钟，贵州刺梨产品全部售罄。"我们过来时，在地铁上就看见贵州刺梨广告，现在看到真实的刺梨产品，刺梨是好东西，要多买点。"一位上海市民如是说。

2019年5月，在北京世界园艺博览会，贵州馆"安顺主题日"活动重点推介安顺金刺梨及系列产品，现场签约项目18个、签约金额53.13亿元；在广州"2019国际养生产业博览会"上，贵州云上刺梨花科技有限公司携带安顺金刺梨产品亮相此次博览会；6月，安顺金刺梨产品亮相巴西国际食品展，为世界了解金刺梨这个安顺独有的特色产业打开了一扇窗，让金刺梨产业国际化进程迈出扎实一步；7月，安顺市"瀑乡茶话暨生态农业产业招商"主题推介会在青岛市举行，安顺市金刺梨为主的11个特色生态农产品深受广大青岛企业与市民青睐，现场签约金额达15.22亿元。

2019年，全省共组织刺梨企业参加3次国外展销会、5次省外展销会、6次省内展销会，全力帮助刺梨企业拓展省内省外、线上线下市场。为给刺梨企业提供展示展销平台，贵州在第十六届全国国际中小企业博览会、贵阳工业产品博览会等开设刺梨展区，吸引众多加盟商及消费者驻足购买，组织专业买家与贵州刺梨企业进行洽谈。

2019年6月，2019年中国食品（巴西）品牌展在巴西开展，展会期间贵州参展企业共接待客商百余人，签订11份意向性合同，合同金额达680万美元。不仅拓宽了贵州刺梨深加工企业的销售渠道，也为世界了解贵州刺梨这个特色产业打开了一扇窗，为贵州刺梨"走出国门"打开美洲市场做铺垫。

全省加快构建刺梨产业良性发展的品牌生态，引导企业进一步树立品牌意识、强化品牌管理，形成全国市场的核心竞争力，在"贵州刺梨"公共品牌统一形象下，企业抱团发展、形成合力，实现企业发展带动产业发展。推动市场开拓，推动刺梨产品入驻电商平台，在淘宝、京东开设旗舰店，与多家大型超市合作，分别向云南、四川、重庆、广东、北京、上海、深圳等地推出产品3.6万吨，销售总收入5.73亿元。

多管齐下，贵州刺梨产业市场拓展取得新成效。据统计，在全方位推动下，2019年全省刺梨销售增长30%以上，2020年销售增长40%以上，到2021年全省刺梨综合产值达到了100亿元。

3. 用科技元素、标准化打造高品质

2021年，随着"贵州刺梨"品牌不断打响，"贵州刺梨·健康中国行启动仪式暨产业招商活动"正式启动，《贵州刺梨功效（2021版）》《贵州刺梨系列标准汇编（2021

版）》正式发布，助推刺梨企业拓宽融资渠道，引导和鼓励企业加大研发、加工、宣传和市场推广。以严格的标准化管理为指导，为贵州刺梨规范化、规模化发展奠定了坚实基础。

（1）专注打造刺梨产业标准化

贵州刺梨产业发展前景广阔，"得标准者得天下"。《贵州刺梨系列标准汇编（2021版）》正式发布，10项刺梨产品加工团体标准，进一步规范产品原料保障、产品加工、产品包装、标签标识、贮运等环节的指导性标准，这对刺梨产业标准化建设起到积极的推动作用，有力引领了刺梨产业规模化发展。

省内各大刺梨企业做足标准化功夫，诸如贵州宏财投资集团有限责任公司的"刺梨王"、贵州潮映大健康饮料有限公司的"刺柠吉"、贵州天刺力食品科技有限责任公司的"天刺力"等品牌，潜心研发刺梨加工生产，实行严苛的加工工艺，专注打造国内标准化刺梨深加工流水线等。结合市场需求研发新产品，产品设计和包装均以目标消费者为中心去规划。

水城县刺梨属于低河谷地带成熟较早的刺梨，主要产地为花戛、野钟、都格、蟠龙等乡镇，水城县成立了刺梨鲜果收购工作小组，按照成熟一批及时组织采摘一批的要求，确保鲜果质量达标。在水城县各乡镇刺梨收购点上，水城县初好农业科技开发公司每天都派出收购人员和车辆负责刺梨鲜果质量验收，以及农户信息登记。

（2）贵州刺梨始终与科技相生相伴

1991年，在安顺老林坡一带山上发现的无籽刺梨作为种源被种植研究；2002年，无籽刺梨苗木栽培示范基地建立，专门攻克无籽刺梨栽培技术，经采本育苗、广泛培育繁殖，引入西秀区各乡镇栽培；2008年，双堡镇大坝村党支部书记陈大兴带头种植30亩，是为安顺金刺梨规范化种植之始；2011年，安顺市提出把无籽刺梨作为一项调整农业产业结构的重要产业来抓，并明确"十二五"规划期间全市发展20万亩的目标，作为安顺特色产业，在西秀、平坝、普定、镇宁等地大规模种植。同年11月，安顺市召开第一次全市推进无籽刺梨产业发展大会。2015年10月，安顺金刺梨获得国家林业局授予的植物新品种权证，这也是贵州新品种保护的第一例。2016年11月，安顺金刺梨获得国家农产品地理标志保护，并予以登记和颁发中华人民共和国农产品地理保护登记证书。

2019年8月9日，中国农业大学食品科学与营养工程学院走进国内唯一的以"非热加工技术（PEF+HPP）"著称的春归保健科技有限公司生产车间，为企业充分挖掘金刺梨全要素加工利用率、拓展药食同源产业路子作科研指导。这是以问题为导向的必然选择。刺梨鲜果存放期为40天左右，走加工带动之路，可有效破解农产品鲜果储存时间不长的弊端。此举不仅发展了刺梨产业，更为全省农产品规模化、商品化发展提供了示范带动。

关岭贵州云上刺梨花科技有限公司的主攻方向，是在刺梨酒中更大化保留金刺梨的营养元素，进一步去杂质降水分，使之达到更高纯度的质感和更好的口感。安顺金刺梨深加工企业以系列深加工产品为主，以科技为支撑，多元化发展，不断提高产品附加值，提升市场和品牌竞争力，做大、做响金刺梨品牌，推动安顺金刺梨产业加快发展。如今，安顺市共有 12 家以金刺梨为原料的深加工企业，其中省级龙头企业 1 家，市级龙头企业 4 家，产品类型涵盖酒水、食品、保健品等，市场销售拓展为加工鲜售双管齐下，加工技术由"深"向"精"发展，远销省内外乃至海内外。

2019 年，水城县刺梨挂果面积约为 7.426 万亩，组建了贵州初好农业科技开发有限公司，专门负责水果种植、育苗，以及农技研发、农产品加工、技术开发等，建成年产 12 万吨刺梨鲜果精深加工厂，并将大量的刺梨鲜果加工成饮料进行销售。

在贵州刺梨迎来发展"春天"之际，深入挖掘刺梨文化，凸显健康理念，着眼高端差异化路线，避免和娃哈哈、王老吉等一线饮料品牌展开同质化竞争，创造出口感愉悦、功效突出的刺梨产品。广州医药集团有限公司（简称"广药集团"）旗下广州王老吉大健康产业有限公司入驻贵州，在黔南和毕节成立公司，围绕刺梨开发饮料和休闲食品，推出"刺柠吉"系列产品；而杭州娃哈哈集团有限公司利用贵州刺梨生产刺梨口味龟苓膏和润喉糖、运动功能型饮料等系列产品，销售势头强劲。

刺梨产品结构进一步优化。全省按照推动刺梨向多领域、全链条、深层次、高效益发展的思路，大力推进刺梨精深加工，发展了刺梨原汁、饮料、发酵酒、果酒、茶、果脯、刺梨干、软糖、刺梨酥、口服液、含片、精粉等 10 余种产品，新开发了刺梨罐头、刺梨泡糖片、刺梨化妆品、复合型口服液等新产品，丰富了刺梨产品品类和产业业态。同时，推动刺梨加工企业逐步提升刺梨果酒、精粉、精油、化妆品等高附加值产品的比重。

4. 刺梨产业链拓展

坚持走加工带动之路，贵州按照把农产品变工业品、把工业品变健康消费品的思路，大力发展刺梨加工，不断提升刺梨产品附加值。加工带动倒逼产业市场化发展。在加工带动的引领下，刺梨产业走上规模化、工业化的发展道路，有了做大做强的资本，也有了真正的品牌。在加工企业的带动下，各地建成了相应的刺梨种植基地，让更多的农户融入刺梨产业链条中去。

龙里县人民政府在 2010 年就制订了刺梨产业发展规划，而在 2017 年，黔南州林业局也制订了全州刺梨产业三年行动计划。首先，以刺梨新产品研发、新技术攻关和新成果运用等为重点，搭建刺梨科研人才创业创新平台，创建刺梨科研成果孵化产业园，抢占产业发展科技制高点，提升产业发展核心竞争力。同时，建立以加工园区为中心、经纪人队伍为纽带、种植基地为支撑的刺梨交易体系，以"公司 + 基地 + 农户"模式，形成农业产业链规模化发展。龙里刺梨产业尽管摸索出了一条幼苗培育、卖鲜果 + 刺梨产品深加工＋农家乐＋新农村观光旅游带动产品销售的产业链条式发展道路，但由于刺梨生长周期长，刺梨产业在刺梨未成熟期间，整条产业链会出现"时间断裂"情况，种植户无法全年都依托刺梨产业增产、增收。目前刺梨加工龙头企业也以加工刺梨浓缩汁、刺梨饮料、刺梨果脯为主，对刺梨进行深加工和提炼附加产品的较少。

2016年起，贵州以农村产业革命刺梨产业发展专项资金、省工业及省属国有企业绿色发展基金、"千企改造"工程资金为手段，在实施"千企改造"工程中，加大对刺梨加工企业的培育打造。目前，全省有刺梨加工企业40家，2018年刺梨加工量7.9万吨。涌现了盘州宏财农投、贵阳老来福、安顺天赐贵宝、贵定山王果、龙里恒力源等一批重点加工企业，为刺梨产业的发展奠定了坚实的工业基础。

（1）银行牵线搭桥助推刺梨产业"接二连三"

部分刺梨深加工企业规模较小，资金力量不足，在项目启动阶段就面临融资问题，后续经营流动资金更是无从谈起。这部分加工企业虽然可通过租赁、流转土地经营，但却无相关资产可用于抵押担保，且资金需求量较大。与此同时，部分刺梨深加工企业、农民专业合作社、家庭农场缺乏经验技术，产品质量不高，销售不佳，且在经营管理上较为混乱，有的采用家庭作坊式管理，让金融机构对其授信评级及贷款发放形成了较大的影响，融资成为制约其发展的难题。

龙里农村商业银行党委书记、董事长表示，该行通过扶持县内农业产业化龙头企业发展壮大，并联姻龙头企业、种植合作社和农户，为加工方和种植方提供金融服务、资金支持、信息牵线，通过扶持公司＋基地＋农户模式，形成农业产业链规模化发展，以扶持第二产业为重点，带动第一产业、第三产业发展，形成良性农业发展模式，助力刺梨产业"接二连三"，推动县内特色经济产业的发展。截至2017年末，该行先后支持贵州龙港生态资源有限公司、贵州黔宝食品有限公司、贵州贵源生态食品有限公司、贵州恒力源天然生物科技有限公司等4家刺梨加工企业，累计贷款金额1亿余元。

通过龙里农村商业银行积极牵线搭桥，当时同为龙里农村商业银行贷款客户的贵州恒力源林业科技有限公司正在转型，通过银行介绍，决定引进刺梨加工项目，购买了国内外最先进的"10T/H刺梨榨汁生产线"，建成了国内最具规模化、标准化的刺梨深加工自动化流水线。恒力源的刺梨加工项目投产后，仅2017年就消耗刺梨鲜果1 700余吨，并与茶香村签订了刺梨订购合同，解决了当地种植户的销售难题，直接带动刺梨种植户300余户，实现户均增加收入6万元以上，并有效地保障农民持续稳定增收。

龙里茶香村最早种植刺梨，2008年燕某某开始种植刺梨就面临资金短缺难题，正当一筹莫展之际，龙里农村商业银行了解情况后，一个星期后就给他贷款了3万元。经过发展，如今他成立了刺梨种植合作社，带动村民种植刺梨，并传授种植经验。在他带领下，村民纷纷到银行申请贷款种刺梨，茶香村成了"中国刺梨之乡"的十里刺梨沟。

安顺市依托乡村振兴战略，结合各金刺梨种植基地自身特色，打造金刺梨小镇、金刺梨村寨、金刺梨人家，开展金刺梨赏花节、金刺梨品果节、金刺梨康养等生态旅游活动，发展起赏花尝果、林下种植、田园观赏、休闲养生、农副产品销售等为一体的特色旅游，提高金刺梨旅游产值和经济贡献率。

贵州有效利用"千企改造"工程，重点推进总投资 38.8 亿元的 39 个刺梨加工项目建设，培育了（盘州）宏财农投、（安顺）天赐贵宝、（黔南）山王果、（毕节）欣扬等一批具有带动性、引领性、示范性较强的重点骨干加工企业，推动产品深度进入市场，形成一个生态、健康、特色鲜明的朝阳产业。盘州市从 2016 年开始，明确由宏财集团牵头发展刺梨产业，积极打造刺梨"产、加、销"一体化产业链，建立加工企业，带动种植基地。

（2）东西部扶贫协作支持贵州刺梨产业发展

广东，中国改革开放的前沿阵地、制造业中心，中国经济发展的重要引擎和对外贸易的重要基地。贵州，地处内陆腹地，生物资源丰富，是西南连接华中华南的枢纽，基础设施日益完善，产业投资持续升温。互补，是两地经济合作的重要基础。把贵州刺梨产业打造成富民产业、脱贫攻坚大产业，是贵州省委、省人民政府的重大决策部署。而广东省特有的品牌优势、消费市场活力充沛，正是贵州发展刺梨产业所急需的。广东、贵州东西部产业扶贫协作持续深化，2019 年 3 月 18 日，《贵州省人民政府广州医药集团有限公司关于推动贵州刺梨产业持续快速健康发展战略合作框架协议》的签署，为贵州刺梨产业发展开启了新的航程。

2018 年 11 月，作为粤黔两省东西部扶贫协作的重要成果之一，广东、贵州两省共同确定由广药集团帮扶贵州刺梨产业发展。按照协议，广药集团将通过发展刺梨产业，设立药材种植基地，建设医药物流基地等合作，助力贵州经济发展，打造粤黔合作新标杆。"2018 年 11 月 16 日晚，广药集团成立了帮扶贵州工作领导小组，第二天就到贵州进行考察，与地方政府围绕刺梨产业的发展进行深入探讨研究。"广药集团党委书记、董事长李楚源经过多次实地调研，对贵州刺梨优势非常了解，"刺梨是生长于海拔500 ~ 2 500 米高原山区的野生稀有果实，是贵州特有优势资源，维生素 C 含量远高于其他水果，曾作为中国女排健康营养品，一直处在'养在深闺人未识'的状态。但市场开拓仅处于起步阶段，市场前景广阔，与广药集团大健康产业发展十分契合。"

2019 年 3 月 18 日，贵州省人民政府与广药集团签署的战略合作框架协议当天，广药集团就对外公布了帮扶贵州刺梨产业的首批新品——王老吉"刺柠吉"系列产品。仅过了 98 天，广药集团经过不断的科研攻关，首个落地项目刺柠吉生产线在惠水县已正式投产。6 月，刺柠吉在惠水县潮映罐装生产基地正式投产。惠水县潮映罐装生产基地6 月投产以来，直接带动 60 人就业。

2019 年 11 月 8 日，刺柠吉研究院在广药集团成立。刺柠吉研究院，是以刺柠吉产品时尚化、国际化为目的，进行刺梨研究与开发，包括刺梨种植标准化、鲜果贮藏保鲜、工艺技术标准化行业标准、功效与物质基础、安全性、健康产品开发等现代科学研究，带动刺梨产业的跨越式发展。

2019 年 11 月 9 日，广东、贵州"东西协作 产业合作"对接会上，贵广高铁"刺柠吉号"动车鸣笛出发。刺柠吉号冠名贵广高铁，让很多乘客坐上高铁第一眼就会看见这个产自贵州的产品，不仅展示了贵州新形象，也让贵广两省扶贫协作产业合作成果得到广泛宣传。

2019 年 11 月 28 日，广药集团王老吉（毕节）产业有限公司正式成立。广药集团还与毕节签订《刺梨项目合作意向书》，在刺柠吉润喉糖、刺梨龟苓膏、刺梨果脯、刺梨香槟酒等刺梨功能性休闲食品研发与生产方面开展合作。

2019 年 12 月 3 日，刺柠吉气泡酒在以"共建大湾区 同享大机遇"为主题的 2019 年广药集团战略合作研讨会上正式发布，该产品是以贵州刺梨为原料的配制酒。

广州王老吉大健康公司总经理助理王平表示，计划把贵州打造成全国首个刺柠吉饮料年销售额过亿元的省级市场，进一步助力贵州刺梨成为"全国的刺梨"[①]。广药集团用最好的品牌资源"王老吉"投入刺梨产业打造上，让中国著名民族品牌"王老吉"与贵州"第一果"刺梨结合，打造扶贫"第一饮"刺柠吉[②]。

投产上市的刺柠吉系列产品，迅速获得市场欢迎。仅用很短的时间，就把贵州的刺梨从一个无人知晓的山岭野果，变成广东市民生活中的重要饮品，广药集团体现出了强劲的龙头带动效应。同时，广药王老吉分别与贵州恒力源、贵州欣扬公司、贵州金维宝公司达成合作，有力带动了贵州刺梨加工企业的发展。2019 年，刺柠吉销售额破 1 亿元，2020 年突破 5 亿元，2021 年超过 10 亿元。

随着东西部扶贫协作和泛珠区域合作的深入开展，必将更有力地推动贵州刺梨产业的高质量发展。广药集团制定了《广药集团关于贵州刺梨时尚生态产业"136"发展方案》，未来，将在现有开发的刺梨产品基础之上，再继续开发刺梨功能性休闲食品，促进刺梨产品走向国际，打造百亿时尚刺梨产业。同时，贵州省还希望与广药集团开展多层次、多形式、宽领域、全方位的项目对接和产业协作，推动新时代粤黔合作迈上新台阶，助力贵州经济发展，让更多农村群众脱贫增收。继广药集团等帮扶贵州刺梨产业后，上海寻梦信息、申通地铁、东方有线、上海银行、绿地集团、晶赞科技等分别与贵州省工业和信息化厅签订支持贵州刺梨产业发展的合作协议，北京汇源集团也与贵定县人民政府签订刺梨产业战略合作协议。

目前贵州省依托自然优势，刺梨产业规模不断扩大，初步形成了集种植、加工、销售于一体的体系，取得了巨大的发展成就。但在发展过程中仍存在一些问题和不足，由于种植者对刺梨规范化种植、施肥与农药使用、采摘和储存等方面的标准化操作流程知

① 陈毓钊.广州王老吉 助力贵州刺梨成为"全国的刺梨"[N].贵州日报，2022-03-28（04）.
② 李思瑾.王老吉"恋上"贵州刺梨[J].当代贵州，2019（16）:32-33.

识掌握有限，影响了刺梨的标准化种植与推广。贵州省刺梨的种植面积、种植规模仍在不断扩大，刺梨鲜果的加工储存能力并不能满足鲜果产量的持续快速增长。企业需要进一步找寻新技术和新工艺，优化刺梨鲜果的保存与加工技术，满足当前刺梨鲜果的储存需求。

二、贵州刺梨产业发展路径解读

作为全国脱贫攻坚的主战场，贵州省委提出来一场振兴农村经济的深刻的产业革命，并把刺梨产业作为贵州重点培育发展的 12 个特色优势农业产业之一。截至目前，贵州刺梨种植规模全国第一，刺梨加工企业的规模和数量全国第一，刺梨产品种类也是第一。贵州以实现刺梨产业规模化、品牌化、市场化三位一体发展为重要抓手，扩种植规模，建标准体系，强品牌建设，是推动贵州刺梨产业发展迈上新台阶的重要路径。

1. 刺梨产业发展得益于政策规划引领

贵州省委、省人民政府举全省之力发展刺梨产业，依托龙头企业，大力拓展上下游产业。贵州省委、省人民政府对刺梨产业发展有清楚的路线图。每条政策都是经过缜密思考、精心谋划、结合实际而制定的，形成了兼顾刺梨药材、以刺梨果品和食品（保健食品）为重点、产业链不断升级扩大的刺梨产业格局。对 17 条政策整体分析可知，其一，政府对刺梨的定位为中药材、果品和食品。如黔府发〔2018〕33 号文中"大力发展茶叶制品、天然饮用水、调味品、肉制品、粮油制品、果蔬食品、软饮料、乳制品、刺梨制品、核桃制品、竹笋制品、食用菌制品、石斛、酸汤等特色食品加工业"等，符合刺梨药食同源的性质。其二，政府对刺梨产业的定位逐渐清晰。如从颁布时间和政策内容可知，2015—2017 年，刺梨定位为果品，并逐步大力发展刺梨药膳保健品和拓宽刺梨保健饮料；2018—2019 年，在刺梨基地建设的基础上，重点发展刺梨果品和以刺梨原料为主的特色食品产业。因此，果品和食品（保健食品）是未来贵州省刺梨产业发展的必由之路。其三，政府对刺梨产业的规划和发展逐步提高，如从政策内容中"种植""刺梨基地""刺梨产业带""全产业链"等关键词中可以领会政府对刺梨的规划不断升级。

2. 刺梨产业发展得益于持续推动保底收购

贵州持续推动保底价收购，跟奖扶政策挂钩，完善"加工企业 + 合作社（基地）+贫困户"利益联结机制，保障种植农户（贫困户）收益。如安顺金刺梨产业得以推广种植和长足发展，始终在扶贫路上行进，积极实施多元行销和多元助销，创新合作机制，不断开拓市场。以政府为主导，引导县内多家金融机构信贷资金对刺梨产业深加工企业和种植户进行扶持，让更多的信贷资金投入刺梨产业发展，扶持刺梨深加工企业发展壮大，积极推动刺梨产业"接二连三"，始终用科技元素打造，始终在产业链上拓展。引导刺梨加工企业向刺梨产业园区聚集，向主产区靠拢，打造加工企业集群。以食品、保健品、化妆品、药品为发展方向，形成资源共享、产品互补、上下游联结的集聚化、集约化生产，提高刺梨综合开发利用水平。同时，围绕刺梨打造一批刺梨生态文化旅游公园、康养基地，发展富有刺梨文化元素和乡村特点的民宿乡村旅游。培育加工龙头企业，支持广药贵州公司、盘州宏财、贵定山王果、天赐贵宝、贵阳国药大健康等刺梨加工企业做大做强。

3. 刺梨产业发展得益于品牌化、标准化建设

区域农产品公共品牌建设是产业兴旺的抓手，连接了供给端与需求端，起到整合农业产业链的作用。黔货出山，关键在于推动产品从生产端走向销售端。如何让刺梨这一贵州特有的珍贵黔货"出"得顺畅？贵州省加大宣传力度，多媒体、多角度、多层次推介贵州刺梨。2019年，贵州省制作了贵州刺梨广告片，在中央电视台、广东电视台、上海地铁等渠道开展了系列宣传推介活动；筹划组织"走进全国最大刺梨基地"采风活动，邀请全国新闻媒体、全国刺梨专家、网络名人、网络达人等积极参与，以线上互动、线下体验、实地采访等多种方式，推广贵州刺梨产品。通过品牌培育、整合、保护、引领，实施品牌发展战略，提升品牌在国内外的影响力和知名度。全力打造"贵州刺梨"公共品牌，凡符合条件的刺梨加工企业统一冠名，树立贵州刺梨整体品牌形象。将广药集团"刺柠吉"系列产品培育为领军产品，将盘州宏财"刺力王"产品培育为刺梨饮品系列的第二大单品，将贵定"山王果"产品培育为刺梨原汁系列的领军产品，推动、做强、做优遵义山珍宝果脯、贵阳国药大健康刺梨药品和保健品、天赐贵宝刺梨酒等其他产品。把"贵州刺梨"公共品牌打造成贵州金字招牌。2020年6月，"贵州刺梨"公共品牌正式启动。公共品牌、企业品牌、产品品牌"三箭齐发"，按照"一次采集、多次编发"的方式，将专家名人的金句、观点、视频等，多次转化、加工，实现碎片化传播，使得贵州刺梨品牌知名度、美誉度和影响力不断提升。深入推进刺梨标准化建设，在产品研发、技术创新、科学管理等方面下功夫，提升刺梨加工产品质量。重点开展刺梨种植标准、加工标准、新产品研发标准、产品质量控制标准等研究制定，建立包含国家标准、行业标准、地方标准、团体标准和企业标准的贵州刺梨生产技术标准体系。强化产品质量监管，在加工基地建立健全刺梨产品标准检测监测体系。围绕刺梨基地扩面提质增效，以标准化示范基地建设为抓手，加大刺梨标准化示范基地建设。参与东西部扶贫协作、支持贵州刺梨产业发展的企业将利用生产加工、平台销售或宣传推广优势，依托贵州大规模种植刺梨的产业规模化发展基础，进一步带动提升"贵州刺梨"整体品牌影响力。

4. 刺梨产业发展得益于东西部扶贫协作促进增长

借力"广东企业＋贵州资源""广东研发＋贵州制造"合作模式，贵州刺梨成功走出大山。广药集团等省外龙头企业发展刺梨产业，给了贵州十足的信心。广药集团按照粤黔两省东西部扶贫战略部署，在粤港澳大湾区发展的背景下，本着政府引导、企业运作、优势互补、共同发展的原则，开展多层次、多形式、宽领域、全方位的项目对接和

产业协作，形成长效机制，产生了广泛的经济效应、社会效应和创新效应。广州市对口帮扶黔南州、毕节市，而广州王老吉大健康产业有限公司也在黔南、毕节成立公司，分别定位为饮料公司、休闲食品公司，围绕刺梨产业进行全方位开发。王老吉现已将"一罐一码"技术运用到刺柠吉产品，以罐身二维码为入口，以用户为中心，着力构建刺梨消费生态圈，建立刺梨大数据中心，通过不断吸引消费者参与互动，最终成为刺柠吉的忠实用户，这是以数字化赋能贵州刺梨产业发展的又一重要举措，将助力贵州刺梨成为"全国的刺梨"。

【案例 7】贵州麻江蓝莓产业的发展模式

　　蓝莓属于杜鹃花科越橘属植物，果实为圆形蓝色浆果，果肉细腻，酸甜适度，经济价值很高。蓝莓作为一种风味独特、营养成分众多、营养价值极高的水果，具有"浆果之王"的美称。蓝莓果实中含有丰富的花青素、超氧化物歧化酶（SOD）、熊果酸、糖、酸、维生素，还有铁、锌、锰、钾、铜等矿物质，深受广大消费者的喜爱。蓝莓被联合国粮食及农业组织（FAO）誉为人类五大健康食品之一。据美国相关研究机构研究表明，蓝莓属于花青素含量最高的水果，测定发现，蓝莓冻果中花青素含量约为 327.35 毫克 /100 克。花青素是一种有效的自由基清除剂，其淬灭自由基的能力是维生素 C（VC）的 20 倍，是维生素 E（VE）的 50 倍。蓝莓深受人们喜爱的另一个原因是其具有保护视力、抗氧化、增强记忆力和抗衰老等方面的保健功能，被誉为"美瞳之果"。

　　蓝莓主要分布在北美洲及苏格兰等地区。根据 FAO 的数据，2000 年全球蓝莓产量为 25.7 万吨，2013 年增长至 42.0 万吨，2014 年达到 44.2 万吨。

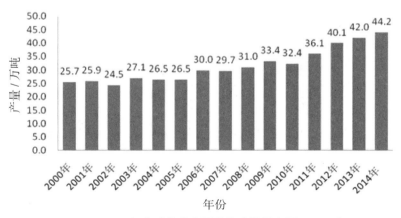

2000—2014 年全球蓝莓产量趋势（数据来源：FAO）

2000—2014 年，美洲生产的蓝莓占全球产量的 80.7%，欧洲占 18.4%。

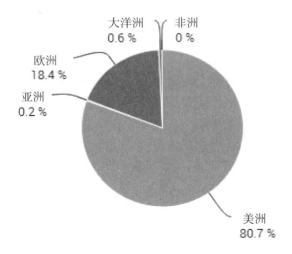

2000—2014 年全球蓝莓生产区域分布百分比（数据来源：FAO）

在我国，蓝莓最开始主要分布在东北长白山区、大小兴安岭等地，生长于海拔900 ~ 2 300 米的地区。我国蓝莓种植面积及产量总体呈逐年增长态势，2020 年，全国蓝莓种植面积为 6.64 万公顷，产量为 34.72 万吨。2020 年，我国蓝莓栽培地区主要为贵州、辽宁、四川、安徽、云南、吉林，占总栽培面积的 79%。其中贵州地区栽培面积为1.50 万公顷，占全国总栽培面积的 23%；产量为 8.50 万吨，占全国总产量的 24%。

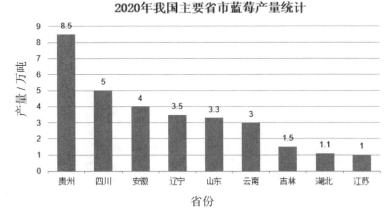

2020 年全国蓝莓生产量分布（数据来源：华经产业研究院）

一、麻江蓝莓产业发展过程

麻江蓝莓产地地域保护范围为贵州省黔东南州麻江县、凯里市、黄平县、施秉县、三穗县、镇远县、岑巩县、天柱县、锦屏县、剑河县、台江县、黎平县、榕江县、从江县、雷山县、丹寨县等 16 个县市现辖行政区域。

在贵州，蓝莓在麻江的种植面积占全省的 97%，占全国的 10.6%，是中国南方人工种植蓝莓面积最大的县，是中国蓝莓的四大产区之一，也成为中国蓝莓产业发展的重要区域。

黔东南州麻江县，地处贵州省中部，清水江上游，是黔东南苗族侗族自治州西大门，位于东经 107°18′～107°53′、北纬 26°17′～26°37′。地势西高东低、南高北低，处于云贵高原向湘桂丘陵过渡的斜坡地带。以山地为主。低山、低中山、丘陵、河谷及盆地占全县总面积的 78.4%，最低海拔 576 米、最高海拔 1 862 米。属亚热带季风湿润气候区，冬无严寒、夏无酷暑，雨量充沛，四季分明，年平均气温 14～16℃，年降雨量 1 200～1 500 毫米，相对湿度 80% 左右，无霜期为 270～301 天。麻江是夏季最佳的避暑胜地，植被丰富，森林覆盖率 50.33%，曾获得"全国绿化百佳县"称号。麻江空气质量连续三年均达到《环境空气质量标准》Ⅱ级标准，水质达到《地表水环境质量标准》Ⅲ类，空气质量优良天数比达到 100%，出境断面水质达标率为 100%。

蓝莓生长在阴凉湿润地区，达到正常的开花结果一般需要 800～1 200 小时低于 7.2℃的低温，喜欢疏松透气的 pH 值在 4～5.5 微酸土壤。地处黔东南州的麻江县产地范围内海拔高度 350～850 米，土壤 pH 值 4.5～5.6，有机质含量 ≥ 5%。得天独厚的地理纬度和绝佳的原始生态环境，使得黔东南州成为世界著名的蓝莓产区。

自 1999 年开始，麻江县率先开展蓝莓引种试验，经过 10 多年的艰辛探索，全面掌握了蓝莓的品种选育及丰产栽培等关键技术，成功闯出蓝莓规模化、产业化发展之路，先后获得了"南方蓝莓繁育及栽培示范基地""中国蓝莓产业科技创新十强县""国家有机产品认证示范创建区""国家出口食品农产品质量安全示范区""全国农业标准化优秀示范区"和"中国绿色生态蓝莓十强县"等称号。

麻江县 2006 年开始引种并规模化推广种植蓝莓。麻江蓝莓最大的特点就是它立足于地域优势，以发展有机蓝莓为主，为原生态种植，使用没有污染的土壤，拥有良好的生态环境，严禁使用任何化学农药，这样生长的蓝莓才更健康。麻江县牢牢守住生态和发展两条底线，有机发展绘就浓厚绿色底色。坚持"既要金山银山又要青山绿水"，将天然林资源保护、退耕还林、石漠化综合治理和小流域综合治理等工程与有机农业相结合，把有机蓝莓产业发展变成退耕还林、石漠化综合治理改善生态环境的重要途径。

2008 年 7 月，麻江县编制了总规模为 6 万亩的《麻江县蓝莓产业基地建设规划》：从 2008 年至 2012 年，建设蓝莓种苗培育基地 200 亩，筛选出 5～10 个适宜在麻江及黔中地区种植的蓝莓鲜果和加工品种，实现年培育种苗 150 万株，种植基地达到 2 万亩；2016 年种植基地达到 4 万亩，2020 年种植基地达到 6 万亩。目标为实现蓝莓生产标准化，培育独具特色的蓝莓品牌，完善生产、加工、销售一体化的产业链，把蓝莓产业建设成麻江县的出口创汇农业经济主导产业。

2016年4月7日,国家质量监督检验检疫总局组织专家在贵阳市对黔东南州人民政府申报的"麻江蓝莓"地理标志保护产品进行了技术审查。专家委员会认为:麻江蓝莓保护形态为鲜果,名称使用比较规范,产品质量特色鲜明,与产地环境关联性较强,产品名称具有较高的知名度,产品历史渊源考据较充分,一致同意通过"麻江蓝莓"地理标志产品保护技术审查。

地理标志保护产品,是指产自特定地域,所具有的质量、声誉或其他特性本质上取决于该产地的自然因素和人文因素,经审核批准以地理名称进行命名的产品。该产品的特定质量、声誉或其他特征主要归因于其地理来源。"麻江蓝莓"被列入国家地理标志保护产品,进一步提升了麻江蓝莓的市场竞争力和品牌影响。"麻江蓝莓"成为一张品牌突出、业态合理、效益显著、生态良好的绿色产业名片。

"麻江蓝莓"获国家地理标志保护产品授权

麻江县蓝莓产业规划重点布局在中部、东部及东南部的宣威、龙山、杏山、贤昌等乡镇。2017年产蓝莓鲜果4 000吨,产值1.2亿元。截至2022年,麻江蓝莓育苗企业10家,年出苗1 000万株以上,蓝莓种植企业55户、合作社14个、种植户800余户,种植面积13万亩,鲜果产量8 000吨以上,成为中国最大的蓝莓鲜果产区。蓝莓成了麻江县"一县一业"的支柱产业,2021年麻江县蓝莓产量3.1万吨,产值约5.8亿元;2022年,全县蓝莓销售3.6万吨,产值超7亿元[①]。

二、贵州麻江蓝莓串起产业链条

在蓝莓产业发展过程中,麻江县以现代山地特色高效农业为引领,把农民紧紧吸附到农业产业链中,确保农业产业全覆盖,村级脱贫攻坚取得成效。

---

① 文小龙. 麻江县把蓝莓"小浆果"打造成"大产业"[EB/OL]. 麻江县人民政府网,2022-09-23.

1. 蓝莓成为助推脱贫攻坚的坚实阵地

麻江县推行"一村一特",采用"公司＋合作社＋家庭农场＋农户＋基地"模式。政府采取把公司引进来,政府把扶贫资金买成苗发送给农户,企业把农户土地流转过来,农户栽苗,企业给予农户工资的方式,发展蓝莓生产加工,带领当地农户脱贫。通过申请项目资金作为股金,群众以土地作为资源,入股到村合作社,增加产业附加值,增加群众收入。许多农户通过土地流转和进入基地打工等方式参加蓝莓种植经营,有的则依靠产业合作社这个平台获得苗木、技术等支持成了蓝莓种植大户,年收入 200 万～300 万元的大户全县有 50 多个。如果农户自己有地,每亩地按 500 千克的产值计算,再乘以市场平均价格 8 元,每亩地能有 8 000～10 000 元的收入。如果果子熟得早采得好,价格就比较贵,能卖到 20～30 元/千克,所以收入最高的农户一亩地能达到两万元。

龙山镇共和村共和红利合作社采取"合作社＋专业大户＋贫困户"模式发展蓝莓产业。麻江县合作社按照"联股联利、联股联心"的机制,拓宽生产基地规模,增加群众收入。联股联利,就是将入股群众确认为集体经济组织成员、合作社股东,明确其股权,再由村民股东组建代表,建立相关的理事会、监事会负责对合作社运营进行监督,通过技术培训,实现果园产业有人管、管得好。联股联心,就是促和谐。项目资金量化获收益后,村集体经济组织从产业投资获得的红利总额,按照比例进行分配,推动形成"合作社＋社员＋村集体经济"利益长效机制,实现村级集体经济、群众双受益理想状态。目前,红利分配制度已经村民股东全票通过并公示,群众对此表示十分满意。麻江县贫困户户数已从 2014 年的 400 多户减少到 2016 年的 120 多户。至 2015 年,麻江县蓝莓种植面积由 2012 年的 1 784 公顷上升到 3 733.3 公顷,净增长 1 949.3 公顷。由此看出,麻江县在 3 年内有 1 949.3 公顷农业用地由种植传统农作物向高效经济林转变,由单户分散耕作向流转集中种植转变。麻江县 3 733.3 公顷蓝莓种植基地中有 2 613 公顷通过土地流转进行集中种植,解决了分户耕作效益低和土地撂荒问题。

"返租倒包"成效初显,激活蓝莓产业发展"一池春水"。2021 年以来,麻江以"村民增收、产业增效"为主攻方向,立足村情实际,聚焦"产业融合、主体培育、利益链接"关键环节,积极探索"返租倒包"产业发展模式。就是将村合作社已做大、做成的产业"返租倒包"给农户,实现土地资源、产业资源掌握在农户自己手中,推动村级产业兴旺,村民生活富裕。

贤昌镇在蓝莓产业发展中,采取"党支部＋合作社＋农户"模式,由村党支部领头,村合作社承包,职业农民管护的方式,实施"返租倒包",实现蓝莓基地管理由粗放型向精细化管理转变,提升了农户参与产业发展的积极性,克服其内生动力不足、管护不到位等短板弱项。

贤昌在实施蓝莓"返租倒包"工作中,实现了村集体经济从发展蓝莓产业上获得了第一桶金，职业农民从产业上获得了薪金，脱贫户从产业中得到了分红，不断提振了各村实施产业振兴的士气，增强了各村发展产业的信心和决心。

农户收入主要来自土地流转和劳动务工。蓝莓种植是一个劳动密集型产业，果园的种植、管理和采摘工作还为村民提供了就业创收机会。因为蓝莓需要人工采摘。每年5—9月都是蓝莓采摘季，蓝莓采摘季农户每天采摘10个小时，每小时10元，每天100元，一个月就是2 500～2 600元的工资。蓝梦谷每年采摘季来务工的都是周围的农户，三四个月有8 000～10 000的收入，这样在家门口务工既照看了家里又有了额外的收入。

2. 强化"蓝莓＋田园康养"主导产业作用

麻江县强化"蓝莓＋田园康养"主导产业作用，开辟"田园观光旅游＋乡村生活休闲体验"，推动农民从产业链发展中整体受益。依托省、州专家在蓝莓园中蜂养殖和授粉研究成果，采用"公司＋基地＋合作社＋农户"的模式，抓好林下养蜂产业发展，丰富特色品牌内容，促进农工、农文、农康融合发展。麻江蓝莓蜂蜜荣获"多彩创意新·黔礼进万家"2022年多彩贵州旅游商品大赛金奖，带动农户增收1.2万元以上。

截至2022年，麻江产业园蓝莓基地种植面积达8万余亩，发展带动就业31 210人。

3. 做大加工企业延长蓝莓产业链

麻江县"十四五"规划期间将大力发展蓝莓、蔬菜、烤烟、生猪养殖四大产业，提升锌硒米、红蒜两个传统农业产业品牌，加快产业园区建设，培育现代山地特色高效农业，让产业发展成为乡村振兴的坚实阵地。

麻江县蓝莓种植基地8万多亩，获有机认证面积1.46万亩，堪称中国南方最大的蓝莓种植基地。蓝莓是一种异常娇嫩的果子，是逐粒依次成熟的，不像葡萄那样整穗整穗地成熟。每天平均能采摘100余吨，蓝莓采摘后2小时内必须放入冷库，在运输过程中全程采用低温冷链保鲜。尤其是鲜果蓝莓，每年只有30%左右直接销售，供不应求。每年麻江都有大量蓝莓作为特色产品，经过采摘、预冷、加工、分选等工序后，以最快的速度销往北京、上海、广州等城市。麻江县共有27辆冷藏物流车，每辆车运力为3～7吨，2小时内可运抵贵阳永辉、合力等大型商超。

为打破鲜果销售季节限制，除鲜果销售外，全县70%的蓝莓用于精深加工，提高附加值。麻江县成立蓝莓产业专家服务团，提供种植、采收等技术服务，通过"外招＋内培"的方式，扩大蓝莓加工企业数量。麻江的蓝莓生产数量大、品种丰富、质量高。蓝莓因其浆果的特点，可以加工成蓝莓糕点、果酒、蓝莓干、果汁、罐头、糖果、果酱、果冻、复合饮料、冰淇淋、果醋、馅饼等多种产品形态；也能够用于加工蓝莓红酒、白兰地酒和其他产品形态。

贵州凯缘春酒业有限公司厂区占地面积6 000平方米，车间生产设备500万元，年生产发酵酒1 000吨、配制酒400吨。公司以麻江万亩蓝莓种植基地为依托，通过采用先进工艺技术及设备，成为当地果酒生产的龙头企业。该公司利用蓝莓生产的红酒名为凯缘春蓝莓红酒，呈现出深深的红宝石色泽，带有清新蓝莓香气，口感醇厚，入口后果香持久，令人愉悦，酒体整体结构平衡，香气优雅，回味悠长。

麻江县以蓝莓加工为基础，强力推进蓝莓产业"全链条"发展，坚持"生态 +"，打好"标准体系、高端产品、产权保护"组合拳，麻江蓝莓精深加工产业链日趋完善。麻江县建成了乌卡坪生态蓝莓园区等多个蓝莓种植园区，搭建了蓝莓交易中心、蓝莓创意工坊两个产业发展平台。通过打造"麻小莓"公共品牌，让蓝莓企业统一使用公共商标。开通"麻小莓"网上三级分销宣传系统，推出"1+1+N"（1 个平台，1 批新老客户，N 个企业主体）营销新模式。麻江蓝莓及蓝莓产品（蓝莓红酒、白兰地酒、果汁等）已远销重庆、云南、广州、上海、浙江等省市。创建"蓝后""蓝笑"等加工产品品牌，进一步提升了蓝莓产品的知名度，让本土企业"抱团发展"。采用"线上 + 线下"推广形式，制作宣传短视频，借助电商平台以及"动静贵州""黔东南旅游"等新媒体平台推送宣传，打造"我最爱的贵州农产品区域公用品牌"，提升品牌辨识度。2022 年 9 月，中央电视台 17 频道《谁知盘中餐》栏目专题报道了"麻江蓝莓"。

三、贵州麻江蓝莓的创意出新

麻江县是黔东南州的西大门，原来的下司、碧波两个经济重镇行政区划归凯里市。麻江县还享有 "中国红蒜之乡""中国锌硒米之乡""中国南方最大的蓝莓种植基地"、全国农业旅游示范点、全国龙舟冠军之乡、国家皮划艇训练基地、中国民间绘画之乡等美誉，是清末状元夏同龢以及世界老年人长跑冠军李发品故地。

从 1999 年引种蓝莓，到 2016 年底启动蓝莓创意工坊建设，麻江县从种植加工走向了创意出新，产业链条越拉越长，缔造了麻江最具地域色彩的一张特色名片。

1. 依托蓝莓产业，促农工旅融合发展

麻江县充分利用蓝莓种植优势，精心谋划产业布局，打造了一批具有产业基础、文化内涵、旅游功能、社区特征的特色旅游景点，以点带面、串珠成链，逐步形成蓝莓产业农旅融合发展。有机蓝莓、循环农业和生态旅游成为麻江主打的牌子。按照"农工一体、农文旅融合、提一接二连三"的现代产业发展思路，麻江将乌卡坪蓝莓生态产业示范园与蓝梦谷景区融合发展，总规划占地面积 560 亩。下一步，麻江县将继续发展蓝梦谷、乌羊麻、药谷江村等农业观光体验和乡村旅游景区基础设施，依蓝莓而旅，大力推进全域旅游建设。

蓝莓成熟的采摘季节去蓝梦谷邂逅一场烂漫之旅，成了当地及省外游客的一大选择。蓝梦谷（麻江蓝莓生态循环产业示范园区）位于龙山、宣威两镇间，园区总规划面积 16.67 平方公里，涉及龙山、翁保等 6 个行政中心村。园区建有蓝莓基地 13 520 亩，获国家有机认证面积 2 500 亩。2013 年，蓝梦谷开始兴建，建有蓝莓科普馆、蓝莓

研究院、游客接待中心、蓝莓酒庄等，是一个集观光体验、知识科普为一体的现代化山地高效农业生态产业园区。园区有蓝莓技术科研、休闲垂钓、水上娱乐、山地露营、自由骑行等多项旅游活动。

为建设打造蓝梦谷大健康有机蓝莓生产区，麻江县先后引进了国家级农业龙头企业陕西海升果业集团和国内乡村旅游品牌企业浙江联众集团，建成海升集团450亩蓝莓示范种植园、年加工能力为3 000吨的莓类精深加工厂及联众欢庭蓝莓度假庄园，使农民通过蓝莓种植、务工、土地流转、入股等多方面增收。依托蓝梦谷获批为首批国家森林康养基地，结合麻江特色文化，打造一个以酒店为载体，集旅游、度假、康养、休闲等功能为一体农旅深度融合的综合体项目。

2. 依托蓝莓产业，打造乡村文化节

盛夏，"蓝莓之约"如期而至。麻江县在蓝梦谷景区举办蓝莓音乐节。清爽蓝莓加上火爆音乐，将引爆麻江蓝莓采摘游市场，吸引更多的游客前往麻江，品味"梦境苗岭乡野、诗意清江田园"的麻江乡村旅游魅力。

采摘期从5月下旬起，持续到8月下旬结束。每一年7—9月是蓝莓成熟采摘期，麻江蓝莓基地总会迎来众多游客，品尝美味蓝莓，体验蓝莓采摘。每年6月10日左右，麻江县都会举办乡村旅游节暨蓝莓文化节，跨越整个蓝莓成熟季。

乡村旅游节暨蓝莓文化节主会场在麻江生态蓝莓产业示范园区蓝梦谷和生态田园养生区嘎尤苗寨，还有5.8万亩的蓝莓采摘园。5周不同主题的现代和民族音乐活动、陆地和水上运动吸引各地旅游者。一波一波的人潮赶赴这里，为的不仅仅是小蓝莓入口那刹那的香甜滋味，更多的是品味这滋味背后的绿色、生态、有机。2021年，依托麻江县乡村旅游节暨蓝莓文化节和品菊季等活动的举办，全县共接待游客302.4万人次，旅游综合收入20.84亿元。

麻江县在有机蓝莓产业发展中，依托山清水秀、空气清新、民风浓郁的自然条件和良好的有机农业产业发展基础，大力发展以民族和山地为特色的文化旅游业。麻江县按照文化创意、产业创意、建筑创意、环境创意、农工一体、工旅融合发展理念，以"春观花、夏尝果、秋赏叶、四季品酒"为主题，将生态蓝莓采摘观光活动与美丽乡村建设相结合，打造集蓝莓采摘、农事体验、养生养老、民俗风情展示为一体的乌羊麻嘎尤苗寨。围绕"麻江蓝莓"产业品牌，打造特色乡村旅游度假区，形成串联凯里、下司、丹寨的休闲度假、户外运动和采摘体验的休闲度假旅游线路。

四、麻江蓝莓的技术发展之路

麻江县在全国占据"一席之地"，绝不仅仅因为麻江县17年的"专注"，更多的是该县在蓝莓产业链上的不断深耕细作。苗木培育、种植、加工、销售，麻江蓝莓产业链的每一个环节都在不断优化升级。

贵州省黔东南州麻江县宣威龙崩蓝莓种植基地是麻江县第一个蓝莓种植基地，麻江蓝莓就是从这里发展起来的，也就是说龙奔蓝莓基地是麻江蓝莓的发源地。1999年，麻江县组织技术力量，从中国科学院南京植物研究所引进蓝莓种苗，对原生品种驯化并引进12个兔眼品种在宣威镇光明村进行栽培试验。2000年开始，又引进美国蓝莓6个品种进行试验，2003年建立种植试验示范园200亩，填补了我国西南地区引种蓝莓的空白。2004年，攻克兔眼蓝莓苗木繁育难关并开始规模化育苗。2006年，引进浙江奉化以勒食品公司和香港百花公司到县内率先建立共400亩的商品化蓝莓种植基地。2010年，麻江县蓝莓栽培标准化项目被国家标准委员会列入第七批农业标准化示范项目，并选取9个蓝莓种植基地、1家育苗基地和6户蓝莓种植大户作为示范基地和示范户实施示范区项目建设。近20年来，麻江县果品办公室（现名为麻江蓝莓产业办）共引入兔眼、北高丛、南高丛和半高丛等四大类蓝莓35个蓝莓品种进行试验筛选，共筛选出14个适宜在麻江推广的蓝莓品种。经检测，蓝莓在麻江的生长和结果达到了美国原产地水平。

麻江县现有7个苗圃基地，种植面积2.3万亩，为确保蓝莓苗木每亩有10～15个喷头，全县在灌溉设施方面投入200万元，并加强了引水排水设施建设，修建了580多口小水窖。在年产100万株的翁保镇蓝莓幼苗繁育基地，幼苗繁育采用全自动灌溉系统，通过电脑对棚内气温进行实时监控，一旦气温高于28℃，系统会自动地对苗株进行喷水，保湿降温。自动灌溉系统大约每隔20秒就喷水一次，棚内幼苗在"饱餐"后越发娇嫩可爱。据基地技术人员介绍，蓝莓对温度和湿度要求较高，抗旱性差，非常"娇贵"，必须有灌溉及引水排水设施作为保障。麻江县同时积极申请节水灌溉工程项目，已上报项目资金500多万元。

麻江县自发展蓝莓产业以来，始终注重科技对产业的支撑与带动，积极开展各项技术的研究和推广运用。采用全光照温室大棚半木质化扦插和组织培养育苗，建成蓝莓苗圃850亩，组培室1000平方米，建立了工厂化育苗技术体系。种植1亩蓝莓需苗株200株，100万株苗株可满足5000亩地的种植需求。加大力度育苗，扩大种植规模成了麻江县决策层的共识。"我们的育苗技术已从原来的扦插变成现在的组培了。"在瑞蓝公司苗木繁育基地大棚里，基地管理员指导工人将一株株幼苗移栽至一个个小盆。组培室有若干小房间，分为接种室和培养室。培养室里灯火通明，一个个玻璃瓶整齐地摆放在架子上，里面是没有生根的蓝莓幼苗。改瓶内生根为瓶外生根，蓝莓幼苗存活率更高了。在麻江县，像瑞蓝这样的蓝莓育苗企业共有4家，建成蓝莓苗木良繁基地650亩，年出苗量达400万株。这里的蓝莓育苗、栽培技术在国内同行列中处于领先水平。另外，在贵州省外国专家局的支持下，先后有美国、法国、荷兰、智利、瑞典、加拿大和中国科学院的蓝莓专家到麻江实地考察指导。专家团队就蓝莓果蝇防控技术难题与县蓝莓专班进行交流，并就麻江蓝莓产业规模化、精细化发展和育苗、管护等方面创新研发技术，做全基础配套设施建设，推动麻江蓝莓全产业链发展等方面加强合作交流。

发展有机蓝莓，被视作麻江蓝莓提质的一个重要手段。早在 2012 年 11 月，麻江县成功申报获得全省第一个"国家有机产品认证示范创建区"，成为全国 23 个有机产品认证示范创建区之一。麻江县被列为全国第二批、贵州省首个"国家有机产品认证示范创建区（县）"，为麻江出产的蓝莓"镀"上了"有机"的金牌保障。

麻江县以"有机蓝莓标准化栽培技术研究""蓝莓栽培技术体系创新与推广示范""优质蓝莓标准化栽培及产品加工开发示范"等科研项目为平台，深入开展相关技术研究，总结、制定并发布了《有机蓝莓扦插苗培育技术规程》《有机蓝莓栽培技术规程》《有机蓝莓果实采收、包装、贮运技术规程》3 项黔东南州地方标准，有力推动了由非标准化生产向标准化生产的转变。

在蓝莓产业进程中，当地市场监管、果品办等相关政府部门，强化部门协作，积极介入对麻江蓝莓的标准化、产业化、有机化、品牌化建设。而在地理标志保护产品申报过程中，相关政府部门积极完成历史资料搜集、政府批文印发到材料整理审查和呈报，确保每个阶段都以最高的效率来完成。

2013 年，麻江县重点打造乌卡坪蓝莓生态循环产业示范园，核心区蓝莓种植 14 000亩，获有机产品认证证书的基地 4 500 亩，并引进陕西海升集团等重点农业龙头企业，初步实现有机产品生产加工销售一体化经营，链条式发展。2015 年，有机产品产值达6 141.016 万元，占麻江县农业产值的 8.1%。

在有机蓝莓基地建设中，麻江县还积极探索基地种草养牛、林下养鸡、基地养蜂等生态循环产业发展模式，大力推广使用原生态农家肥、沼肥等，着力形成有机生产和环境保护的良性循环体系，走出了一条生态与经济共赢的发展道路。2018 年初，麻江县农村产业融合发展示范园成功入选首批国家农村产业融合发展示范园。

麻江县有机产业生产类型从创建初期单一的蓝莓种植扩大到猕猴桃、核桃、金银花和水稻的种植及大米加工。麻江县形成以蓝莓为特色优势产业引领有机产业发展，探索出山地特色有机农业发展与生态环境保护有机结合、山地特色有机农业与地方特色旅游业良性互动的发展模式，并辐射带动贵州省有机产业的发展。与此同时，麻江县有机产业发展在推动麻江农业转型升级上成效明显。

麻江县被列为 2017 年国家级电子商务进农村综合示范县后，把电子商务作为战略性产业来抓。依托资源优势，完善功能支撑，引进印象华夏国际文化传媒（北京）有限公司作为电子商务进农村综合示范县的电商服务商，围绕有机蓝莓这一主导产业，积极探索"电商+扶贫"模式，全方位打造电商产业链，着力对全县蓝莓产业发展进行规范，实行"五统一"即统一农事标准、统一采摘标准、统一包装标准、统一品牌、统一销售标准，实现入市交易的蓝莓鲜果分级、分品种销售，为麻江蓝莓产业发展发挥了积极的促进作用，同时也培养农民的互联网思维，加快农民脱贫致富步伐。

麻江县的蓝莓生产技术和研究水平跻身国内前列，为提高麻江蓝莓发展水平、优化发展质量奠定了坚实的基础。在初步形成产业链之后，麻江县从重"量"转为提"质"，进一步增加蓝莓附加值，拉伸产业链。组织技术力量制定了山地生态蓝莓的培育、种植与采、贮、运标准体系；自主研发了蓝莓果酱、果汁、酒类（红酒、白兰地）等产品。

截至目前，依托麻江乡村振兴研究院和贵州麻江蓝莓产业工程技术中心优势，组建专家智库，围绕"麻小莓"全产业链开展技术研究，开展主导产业关键共性技术攻关、重大科技成果转化，完成蓝莓产业数字化和精深加工工艺提升。2001—2014年，麻江县承担了国家各级科研项目27项，获贵州省科技进步三等奖2项，黔东南州科技进步二等奖2项，成功举办7次全国性蓝莓产业发展与学术研讨会。截至目前，麻江县共获得蓝莓相关专利22项，蓝莓大数据云平台1个。

五、麻江蓝莓产业发展模式的解读

麻江县蓝莓产业围绕地理标志所形成的品牌效应，由种植业为主向特色农副食品加工延伸，向农业观光旅游休闲度假转变，逐步实现农工一体、农文旅结合，形成一、二、三产业相互支撑，互动融合的产业发展体，打通了一条集育苗、种植基地、鲜果供应、产品加工于一体的生态产业链。

1. 实现了一、二、三产业的产业融合全链发展

依托麻江蓝莓地理标志保护产品的规模化、标准化发展，麻江县建成了乌卡坪生态蓝莓园区等多个蓝莓种植园区，搭建了蓝莓交易中心、蓝莓创意工坊两个产业发展平台，配套建成3条速冻生产线及总库容达1.4万吨冷链设施，建成年可加工1.2万吨蓝莓精深加工生产线，蓝莓交易中心研发出20多个蓝莓旅游商品，实现了一、二、三产业的产业融合全链发展。目前，麻江县已成为中国南方最大的蓝莓鲜果产区，先后获得"国家有机产品认证示范创建区""国家出口食品农产品质量安全示范区""全国农业标准化优秀示范区"和"中国绿色生态蓝莓十强县"称号。麻江蓝莓产业发展也带动贵州省蓝莓产业链形成。2015年，茅台集团在丹寨县成立茅台生态农业公司进军蓝莓产业。到2020年，茅台生态农业公司在丹寨建立了高标准蓝莓种植基地3 000亩、辐射周边基地1万亩，建立了年处理鲜果1万吨的蓝莓产业生产园区，形成了从蓝莓鲜果种植到利口酒、发酵酒及果干、果汁生产加工的全产业链发展模式。百灵集团完成了紫云自治县一期种植基地建设5 000亩，年产3 000吨蓝莓系列产品深加工项目，全面带动紫云县蓝莓产业发展。贵州省蓝莓产业为农业"一县一支柱业"发展模式树立了典范，尤其在种苗培育、基地种植、产品研发、生产加工到市场营销等全产业链发展方面进行了有益探索。

2. 麻江蓝莓产业已成为全县农民增收致富的支柱产业

蓝莓现在是麻江县农业四大产业之一，全县七个乡镇都种植蓝莓。蓝莓种植是目前

来说加工链条最长的产业，可以生产果汁、果酱、果酒、果干、花青素提取液、蓝莓口服液、蓝莓护肤品等一系列产品，从而带动整个产业链的发展。麻江县形成以合作经济组织为纽带、专业大户和家庭农场为骨干、龙头企业为支撑的新型农业经营体系，有效提高了蓝莓产业的规模化、标准化、组织化和专业化水平。蓝莓引进、培育、生产种植企业和合作社43家，家庭农场20个，专业大户52户，种植户人均年增收在4 000元以上。麻江县通过蓝莓种植业的发展，带动旅游业的观光采摘，在初步形成大的资源规模之后，带动加工业的发展，而加工业的发展则带动整个产业链的建立。采用"线上＋线下"推广形式，开通"云淘麻江云仓"，开启"云仓式"促销模式，借助东西部消费协作契机，开设麻江特色农产品专柜和特产馆，拓宽"直销式"需求，发挥县域内"四统配送"覆盖优势，拉动"直供式"内需。现在麻江蓝莓主要销售到大中城市，也带动了交通运输业的发展，增加了就业机会。

3. 麻江蓝莓产业资金保障有深度

麻江县成功的背后，是贵州持续推动全省蓝莓果园水、电、路等基础设施新（扩）建和改造提升，加强蓝莓主产县区的预冷、分级、保鲜、包装等商品化处理设施建设，提升商品化处理能力。通过"政银企"模式，采用"人民银行扶贫再贷款＋农商行匹配信贷资金＋担保公司担保＋评级授信"方式，培育壮大市场主体。贵州创设"蓝莓贷""林经贷"等绿色金融产品，拓宽统筹资金渠道。麻江县自2010年开展蓝莓基地贷款贴息以来，全县共有117户种植户向县金融部门贷款用于蓝莓基地建设，到2013年贷款金额共计1 112.2万元，建设蓝莓种植基地4.7万亩。政府4年向种植户发放贷款贴息资金达52.4万元，大大提高了种植户发展产业的积极性。入驻园区企业8家，引进投资资金2.28亿元，撬动金融资本和吸引社会资本投入16.52亿元。麻江县果品办组织技术人员深入贷款户种植基地，就种植面积、管护情况等进行实地核查。政府给予相应宽松政策，把当地蓝莓产业越做越大，规模扩大，使得企业盈利，老百姓收入增加。2019年5月10日，麻江蓝莓作为高档、精品水果，作为"50亿元级产业集团"的主要产业给予支持，组建贵州省特色食品产业促进会蓝莓专业委员会，目的就是要整合各类资源，做大做强蓝莓产业，推动制定蓝莓团体标准体系，搭建浙江贵农优品建设蓝莓省外市场销售体系，全面推动麻江蓝莓的规范化、标准化发展，加强行业自律，提升蓝莓品质，提高蓝莓经济效益。

4. 麻江蓝莓产业科技支撑有力度

厚植"生态优势"、做全"生态链条"、做强"生态经济"，麻江县充分利用蓝莓产业的品牌效应，实现产业的"接二连三"，重点依托麻江生态蓝莓产业示范园区和麻江蓝莓生态旅游景区的打造，完善蓝莓园的旅游软硬件设施建设，开辟独具特色的清水江沿线民俗风情、山水景观与蓝莓采摘旅游线路，实现蓝莓产业与现代农业观光旅游产业的高度融合。贵州省水果产业发展工作专班将蓝莓列入贵州精品水果"4+2+N"重点树种，在麻江、紫云、丹寨、黄平等县打造规模化基地，做好适应当地环境新品种的引进、筛选，加大优良适生新品种的繁育、推广，确保不同成熟期鲜食品种和优良加工品种的合理搭配，避免同质化竞争。成立贵州蓝莓产业专家团队，积极探索和推广果蝇等病虫害无公害防治策略和蜜蜂授粉等发展模式。通过视频授课、实地授课、微信答疑等多种方式加大培训力度，加快科技成果落地转化。麻江县聚焦"科学技术转化中心、蓝莓深加工中心、大数据应用中心"三中心，全力打造集农产品培育、特色食品加工、旅游服务等于一体的生态产业链，全方位发展蓝莓绿色生态产业，推动农业产业、产品精深加工业、旅游业等。我们也应该注意到，随着人们环保意识和健康饮食意识的不断增强，蓝莓产品技术未来可能会向两个方向发展，一是将果渣变废为宝。蓝莓在加工成蓝莓副产品后会产生大量的果渣，蓝莓果渣中含有大量果胶和膳食纤维等，如能对果渣加以利用并开发新型食品，这能增加食品的多样性和提高经济收入。二是开发更多的保健品。与发达国家相比，我国蓝莓在食品方面的应用最多，蓝莓活性物质在保健品方面还有很大的发展前景。

麻江县蓝莓产业的发展说明，地理标志是长期依托特定区域资源所形成的品牌，对地方经济有着不可替代的促进作用。而地理标志的运用，不具有单个企业品牌那种专用性，需要产业基础、扶持政策协同发力。麻江草莓地理标志能发挥良好作用，地方政府支持建设产业生态至关重要。

【案例8】贵州铜仁"龙头企业 + 合作社 + 农户"利益联结模式

2019年5月5日，贵州省委书记在"贵州省解决'两不愁三保障'突出问题电视电话会议"上着重指出，落实农村产业革命"八要素"的一个关键问题，就是要大力推广"龙头企业 + 合作社 + 农户"这种组织方式。

"龙头企业 + 合作社 + 农户"是比较成熟的产业化模式，就是通过引入合作社，建立起"企业为龙头、农户为基础、合作社为纽带"的产业化联合体，把龙头企业连接市场，带动合作社和农户增强市场竞争意识，实现持续发展、增收致富的优势，与合作社管理农民、服务农民的优势，农户拥有土地、劳动力等生产要素的优势结合起来，有效解决产、加、销等环节中龙头企业"统揽"不了、合作社"包干"不下、农民"触及"不到等问题，纵深推进农村产业革命。

贵州省铜仁市聚焦现代特色高效农业，着力培育生态茶、生猪、家禽、蔬果、食用菌、薯类、中药材、牛羊、蜂蜜、特色林业十大百亿级特色产业集群。"龙头企业 + 合作社 + 农户"生产组织模式，在推进小农户与大市场对接，带动铜仁农业产业发展、产业脱贫方面发挥重要作用。

一、铜仁龙头企业和农民专业合作社发展情况

1. 龙头企业发展情况

铜仁市通过鼓励支持一批国有平台公司、工商企业等投身农村产业革命，引进省内外优强龙头企业落户铜仁，参与发展扶贫产业，鼓励一批农民专业合作社、家庭农场、专业大户、铜仁市科技人员领办龙头企业等，使得全市农业产业化龙头企业得到较快发展。2018年，铜仁市成功引进北京顺鑫思南3万头肉牛养殖项目、特威比希望松桃欧标猪肉深加工项目、英国太古思南茶叶加工项目落地实施，提升了产业竞争力。2018年底，全市共有各级农业产业化龙头企业924家，其中贵州省级重点龙头企业127家，国家级重点龙头企业3家。贵州梵净山生态农业股份有限公司成功升级为国家级龙头企业。

各级龙头企业固定资产净值75.7亿元，销售收入99.88亿元，净利润15.11亿元，

上缴税金 1.47 亿元，出口创汇 103 万元美元；带动农户发展种植基地 138.69 万亩，发展养殖基地养殖牲畜 95 万头、养殖禽类 66 万羽、水产养殖 1.03 万亩，累计带动农户 95 万人（其中贫困人口 10.78 万人）通过产业发展增收。

截至 2021 年，铜仁市引进铁骑力士、德康农牧、温氏集团、贵茶集团等一批优强企业落户；培育了思南佳里佳、石阡和记、印江劲强等市级以上农业产业化龙头企业达 445 家，其中国家级 5 家，省级 156 家。建成生态茶、生猪两个百亿级产业集群，特色冷水鱼产量及黄精、玉竹、罗汉果、八月瓜种植面积均居全省第一，抹茶产量占全国 25%[①]。贵州贵茶有限公司投资 6 亿元建设江口县贵茶产业综合开发项目，年产值约 8 亿元，可直接带动增加就业岗位 1 000 余个。与江口县 18 家茶叶生产企业签订联盟协议，采取"公司＋基地＋合作社＋农户"的模式，带动该县发展茶叶基地达 12 万亩，带动农户 8.62 万人。

坐落在印江木黄镇的贵州省梵天菌业有限公司，以黑木耳工厂化生产种植为主，通过自主投入、参股并购、战略合作等方式建立食用菌完整产业链，实现产业链的闭环，形成贵州省乃至全国独一无二的具有梵天菌业特色的"产业生态体系"，为农业、农村发展增添了新的动力。

2. 农民专业合作社发展情况

2013 年 6 月，铜仁市农民专业合作社联合会成立。截至 2019 年 3 月，全市在市场监督管理部门注册登记的农民专业合作社共 11 333 家。实际纳入调查范围的 8 056 家，注册资金 181.34 亿元，成员农户 34.61 万户，占总农户 87.37 万户的 39.61%，成员贫困户 9.91 万户，占总贫困户 10.27 万户的 96.49%。其中，合作社处于正常经营状态的 5 994 家，占注册登记总数的 52.89%。

从产业分类来看，种植业类的 4 636 家，占 57.54%；养殖业类 2 718 家，占 33.74%；其他类（包括农副产品加工、农机服务、乡村旅游等）702 家，占 8.72%。农民专业合作社共经营 79.7 万亩茶园、29.7 万亩蔬菜、40.99 万亩果园、13.66 万亩中药材，年出栏牲畜、家禽 1 148.02 万头（羽）。

铜仁市农民专业合作社通过采取多种经营、开展技术服务、组织对外销售，调动了农民发展主导产业的积极性，涌现出了一批发展势头较好的典型社。铜仁市的橡子树食用菌农民专业合作社、德江县万进花椒种植专业合作社、德江县勇进花椒专业合作社被认定为 2020 年国家农民合作社示范社。

2019 年 6 月，全市 2 903 个村（社区）均注册有一个或多个专业合作社，帮助 32 万贫困人口通过发展产业增收致富。一些合作社积极探索"三变"促"三金"模式，积极参与脱贫攻坚，带动群众脱贫致富。农户以其土地承包经营权、资产、资金等折价或

---

① 杨胜花，张宏扬，田艳琴 . 黔东奏响兴农歌——我市全力推进农业现代化发展工作纪实 [EB/OL]. 铜仁新闻网，2022-04-27.

认筹合作社股份，成为合作社社员并按股分红；对建档立卡的精准扶贫户以其享受的扶贫政策，如"特惠贷"折为现金入股合作社，成为合作社社员并按股分红。农民专业合作社的发展，提高了农民的组织化程度，促进了农业生产和农村经济的发展。

二、龙头企业带动产业发展利益联结模式案例

"十三五"规划期间，铜仁市以"做强龙头、创建品牌、带动农户、分享红利"的思路，积极创新"企业＋农户""企业＋基地＋农户""龙头企业＋农民合作社（村集体经济组织）＋农户"等利益联结模式，积极探索企业、村集体经济、贫困农户的利益联结机制，保障贫困户、农户的利益。推广"九丰农业＋"、中华山"622"、温氏生猪养殖"411"等典型模式，鼓励社会资本进入农业生产领域，带动相关产业发展、带动群众脱贫致富，真正让群众腰包"鼓起来"，让村集体"富起来"。

（1）"龙头企业＋基地＋农户"利益联结模式

贵州省德江县桃源茶业有限公司是一家综合性茶叶加工企业。公司于2009年10月组建，2011年3月正式注册，2015年被认定为贵州省农业产业化经营省级重点龙头企业。公司采取"龙头企业＋基地＋农户"模式，有效地带动农户发展茶叶产业，增收致富。在基地建设上公司坚持"高起点、高标准"建园理念，按照"固定个人＋季节性个人"的精细化管理模式，在德江县龙泉乡桃源村集中连片新建无性系生态茶园1 600亩。在公司自建的1 600亩核心基地建设中，首先从农民手中将土地租赁过来，促进农村集体土地有序流转，然后再雇用（培训）出租土地农民为茶园员工，其中：常年员工18名（管护员），年薪10 000元以上（管护员同时可以兼顾自己的农活）；季节性员工300～600名（采茶高峰期需1 000人以上），日工资70元以上。

（2）"龙头企业＋合作社＋基地＋农户"利益联结模式

贵州江口净园春茶业有限公司成立于2009年6月，是省级农业产业化经营重点龙头企业。目前拥有3 000亩无公害茶叶示范基地，带动10 000余亩订单种植面积，带动1 200余户农户脱贫致富，户均增收5 000元以上。公司采取"公司＋合作社＋基地＋农户"的农业产业化生产经营模式，共建立了3 000多亩茶叶种植示范基地。2012年发展的茶叶种植大户达到12户，并帮助基地农户成立了4家合作社，通过4家茶叶种植专业合作社，发展了1 000多户农户参与了茶产业，带动发展茶园15 000多亩。

（3）"合作社＋合作社＋农户"利益联结模式

石阡县石固乡合作社抱团合作模式。2015年来，石固乡多个农民专业合作社盲目跟风发展产业，连年亏损。2017年，石固乡党委政府组织班子成员、第一书记、村干部和部门负责人到安顺塘约学习考察，统一思想后，选定集团化发展的新模式。2017年6月，石固乡党委、政府出面，组合现有的合作社、村集体经济，成立了石固乡集体经济和社会发展投资有限责任公司，通过招商引资，吸纳四川、重庆、湖南、广东等地5家

企业投资入股，采取新建、并购、参股或控股等方式，发展下属子公司，目前已有涉农企业 3 家、建筑企业 2 家、旅游开发投资公司 1 家、四星级酒店 1 家、服装厂 1 家、有机化肥厂 1 家。通过"政企分开、政不干企"的模式，发挥集团公司的领头羊作用，把全乡 15 个农民专业合作社组合起来，优化资源配置。同时把全乡所有农户手中"不想做，不敢做，没有能力做，做不好"的土地统一承包给股份集团公司。石固乡还科学探索"集团公司＋村集体经济＋基地单元＋入股农户"的利益分配体制，所产生的利润按照"3115"比例分配，30% 分红给入股农户、10% 作为村集体经济、10% 作为风险基金、50% 归集团公司。

（4）"公司＋代养户"利益联结模式

玉屏温氏畜牧有限公司主要采取"公司＋代养户"模式，公司负责种猪场、饲料加工厂建设与管理，村级负责养殖小区建设与管理，养户负责生猪养殖，具体做法：一是由村与温氏企业签订生猪养殖合作协议，公司垫资提供所有物资等；二是村每年轮换安排有劳动能力和有养殖意愿的农户进入养殖小区养殖，代养户每头猪向公司交付 100 元保证金，交付保证金可申请小额贷款，扶贫办安排资金贴息；三是代养户向公司交售商品猪，领取销售收入时，支付公司猪苗、饲料、生物保健等款项，另每头生猪向村缴纳 20 元管理费，作为村级集体经济收入。

（5）"农村集体经济＋合作社＋农户"利益联结模式

万山区敖寨侗族乡中华山村全村有农户 904 户 3 180 人，辖 22 个村民组，劳动力 1 570 人，总面积 27.7 平方公里，耕地面积 2 330 亩，人均占有耕地面积 0.73 亩。建档立卡贫困户 128 户 344 人。中华山村地处于河谷地带，可利用土地资源相对集中，水资源丰富。2015 年，为了大力实施精准扶贫，积极发动中华山村村支两委从农村商业银行贷款 60 万元用于建设厂房和购买机械、原材料，成立敖寨乡中华山方圆食用菌种植农民专业合作社，发展食用菌产业，品种以黑木耳为主。投入财政专项扶贫资金 100 万元作为该村精准扶贫建档立卡贫困户 128 户 344 人的股金，与村集体经济结合起来。鼓励贫困农户转让闲置土地，以每亩 800 元租给村集体统一经营管理，建成食用菌简易大棚 26 座，发展食用菌 50 万棒。优先考虑精准扶贫建档立卡贫困农户到基地务工，长期在合作社务工的人员有 20 余人，临时采菇人员有 60 多人，平均每人工资 80 元／天，通过就业带动精准扶贫建档立卡户每月收入达 2 000 元。产生利润后，按照"622"贫困农户入股分红模式，精准扶贫建档立卡贫困农户占 60%，户均分红 3 000 多元，村集体经济、合作社分红 20%，村集体经济积超 20 万元。

（6）"村集体经济＋协会＋投资公司＋项目＋贫困户"利益联结模式

松桃肉牛产业成立松桃肉牛经济技术协会，采取组建投资公司，推行村集体经济、入股分红、联合经营等加盟合作模式，整合各级涉农资金，通过"精扶贷""惠农贷"，建财政风险"资金池"等为养殖企业（场、户）搭建贷款担保融资平台，推进肉牛产业的发展，带动贫困户脱贫致富。同时，通过粮改饲试点项目，按照"坚持种养结合、以养带种、草畜配套"的原则，种植高产牧草，带动贫困户脱贫致富。比如：新建规模养殖场 28 个，贵州梵净高科有限公司通过"惠农贷"带动贫困户 100 户 420 人入股分红，每户分红 15 000 元，贵州鼎旺实业有限公司通过财政扶贫资金带动贫困户 93 户 352 人入股分红，每户分红 1 600 元，同时带动 1 300 户农户（其中贫困户 136 户）发展种植高产牧草 1.1 万亩，种草增加收入 4 000 余元。

三、龙头企业带动产业发展利益联结机制类型

农业产业化发展至今，铜仁市龙头企业与农民利益联结机制可分为以下三种类型。

1. 合同联结型

这种类型是参与农业产业化的龙头企业与农户之间或龙头企业与各类服务组织之间，通过签订农产品产销合同的形式实行联结，通过规定交售农产品的品种、质量、时间、收购价格以及龙头企业承诺的服务内容和项目等实现利益分享。这种机制是目前铜仁市农业龙头企业与农户利益联结的基本形式。这种方式从表面上看，具有广泛的适应性，农户经营的不确定性因素相对减少，能有效地调动农民发展优质农产品生产的积极性，能较好地保护企业和农民的利益，但在实践中，随意性和非规范性特点比较突出，缺乏法律对双方的有效监督，容易出现双方的违约行为，造成企农纠纷。在激烈的市场竞争和变化莫测的价格战中，往往有一方在合同价与市场价巨大落差中，因追随市场价而违约，导致合同难以兑现，发生企业与农户矛盾，进而影响来年合同的签订执行。

2. 合作联结型

这种类型是农户通过组建合作社、行业协会或其他合作组织，以团体的形式参与农业产业化经营，从而达到实现自身利益、提高谈判地位、增强市场影响力的目的。这种机制有利于农户和企业关系的沟通和协调，是今后发展的主要方向。在农业产业化发展中，行业协会为一种更高层次的中介，可以有效协调龙头企业、农户在生产、经营、销售过程中发生的各种利益冲突，提高农户适应市场的能力，分摊市场风险和生产成本；可以代表农户与政府、企业对话，在沟通政府与农户、政府与企业、农户与企业的关系中起着桥梁纽带作用。

3. 股份联结型

这种类型是劳动联合基础上的资本联合，农民既参加劳动，又集资入股，实行按劳分配与按股分红相结合，农民与企业联股联心。这种利益分配机制中，龙头企业与农户间不仅有严格的经济制约，而且还作为共同的出资方，组成了新的企业主体，企业把农户的生产作为自己的第一生产车间，农民成为企业的员工，实行农业生产企业化运作，有助于实现从不同利益主体的联合向利益共同体的转变，农民不仅可以获得出售农产品

的收入，而且可以分享联合体的利润，农户在合作型产业化经营中起着一定的作用，可以参与管理、决策和监督，使得利益机制朝着"利益共享，风险共担"的方向迈一大步。但这种方式尚在探索阶段，农户在联合体中所占比重甚微，在参与决策过程中更是微乎其微。

四、铜仁市推动"龙头企业＋"产业化措施

1. 加强组织领导，建立长效机制

自2004年铜仁市建立了农业产业化经营联席会议领导小组，负责协调多部门、联动推动龙头企业和产业化发展的重大工作。2017年以来，铜仁市委、市人民政府先后出台《铜仁市发展农民专业合作社助推脱贫攻坚三年行动方案（2017—2019年）》《铜仁市加快农业产业化龙头企业发展助推脱贫攻坚三年行动方案（2017—2019年）》《铜仁市"梵净山珍·健康养生"绿色农产品品牌创建三年行动方案（2018—2020年）》，从政策层面引导规范农业产业经营主体发展成为推动贫困地区脱贫攻坚的产业主体。结合脱贫攻坚、对口帮扶工作，加大对贫困户创业、就业、创新培训，通过"精扶贷"帮助贫困农户解决产业发展资金问题。2018年，落实"降本减负"行动，对龙头企业在农业、种植业、畜牧业、渔业生产用电，农产品初加工用电，农产品冷链物流的冷库用电方面进行降价处理，所属行业有茶叶、生猪养殖、家禽养殖、蔬果菌等。

碧江区制定《碧江区企业品牌创建奖励办法》《碧江区白水大米、珍珠花生产业发展奖励办法》《碧江区政策性农业种植业保险实施方案》，鼓励龙头企业申报"三品一标"、国家驰名商标、贵州省著名商标和国家级、贵州省级质量奖等并给予一定奖励。鼓励企业做大、做强白水大米、珍珠花生特色产业，鼓励龙头企业积极参保，最大限度地降低了自然灾害等原因给龙头企业带来的风险。

江口县统筹涉农资金、财政扶贫资金、产业扶贫子资金、涉农贷资金，加大对春风行动产业发展的政策支持、资金扶持。扶持方式为生态茶、特色水产、猕猴桃和中药材经营主体（龙头企业）在直补的基础上可选择政府贷款贴息或融资贷款担保两种方式之一获得扶持。出台政策性农业保险，其承保范围主要包括粮食作物、饲养量大的牲畜品种、公益林、商品林和地方特色险种。在农户、农业生产经营主体自愿交足保费的前提下，做到应保尽保。

玉屏县对龙头企业、农民专业合作社、电子商务、农产品品牌建设、农产品认证方面给予扶持，特别是"对新认定为国家级、省级、市级、县级农业产业化经营重点龙头企业（或扶贫龙头企业）的，分别给予一次性奖励"。松桃县茶产业获得省级一、二、三产业融合资金的扶持，畜牧业有"精扶贷"资金支持，而得到"精扶贷"资金支持的企业在年度分红给贫困户时，基本是按照入股资金的10%分红。县级充分发挥各级平台公司及农业担保公司作用，优先为龙头企业提供担保服务，缓解龙头企业融资难问题。

沿河县对企业和组织所实施的品牌培育、名牌产品、老字号等申报，农业标准化示范区建设、地理标志产品保护申报、检验检测公共平台建设等进行奖励。出台农产品销售（苏州市场）奖励扶持办法，对农业产业化龙头企业给予重点扶持。整合申请财政扶贫资金和各类专项资金，对龙头企业贷款实行贴息，对龙头企业参与各类展销会、博览会、交易会由县级财政给予适当的资金支持。德江县由县商务和农业部门联合组建了产销专班，专门负责指导和帮助企业做好产品质量认证、品牌创建和市场营销等。

石阡县把发展壮大村集体经济作为抓基层打基础、管当前利长远的大事来抓，立足"组织共建、决策共商、优势共扬、全民共股、社会共治、成果共享"的"六共"机制发源地契机，组建、发展、壮大集体经济，实地蹲点工作组，通过开展乡村振兴驻村帮扶，实现"一村一名大学生"全覆盖。因地制宜帮助村（社区）选择种植产业，使土地资源变资产。采取项目资金量化入股链接一批、村级资产资源量化入股链接一批、干群现金入股链接一批等方式，将政府投入、干群投入、资源投入等投入按股划分，通过实施"合作社+龙头企业+大户+群众""龙头企业+大户+群众"等利益链接模式，实现资源、资产有效盘活。2021年，龙塘镇困牛山村分红7.8万元，大沙坝乡任家寨村分红102万余元。

2. 引进与内培相结合，壮大新型农业经营主体队伍

按照"专家技术服务团队到村到户到人"要求，结合全省"万名农业专家服务'三农'行动"、市、县"农业科技服务创新""科技特派员"等活动，围绕主导产业和"一县一业"，统筹县内各类农业技术力量，实行县乡农技人员包片负责制，围绕种、养、加、销关键环节提供技术服务，实现对每个扶贫产业、每个贫困村、每个合作社、每个成员户的技术服务全覆盖。2018年脱贫攻坚"春风行动"期间，全市抽调80名中级以上专业技术人员，成立了10个产业扶贫专业技术指导组分赴10个区县开展技术指导，并组建11个"三农专家服务团"共2 709余人，对268个深度贫困村开展技术指导和咨询8.22万人次。全市完成培训农产品加工业、农村创业创新、休闲农业与乡村旅游人才共420人次。2019年，铜仁市建立了市领导领衔农村产业革命工作制度，成立了生态茶、中药材、生态畜牧业、食用菌、蔬菜、油茶、水果、生态渔业、竹等产业发展工作专班，以及农业产业发展金融保险服务工作专班、冷链物流体系建设工作专班、农业经营组织发展工作专班、农产品品牌创建及产销对接工作专班，全方面加强了对农业企业经营组织的技术指导和业务支持。围绕特色优势产业，如生态茶叶、畜牧产业、精品蔬果、中药材、油茶等开展招商，引导本土工商企业转型经营农业，成功人士创办龙头企业，促进社会闲散资金投入农业。

3. 建立农业项目风险防控措施

提高产业化项目选择的科学化水平。在产业发展决策前加强风险论证，依托龙头企业实行订单生产；对基地农户、贫困农户实施精准帮扶，引导他们科学选择合适的经营项目，包括品种、规模等。完善项目龙头企业的筛选和监管机制。地方政府部门要进一步健全对实施扶贫项目的龙头企业的筛选标准与程序，并加强监管，对农业订单合同条款的合法性与合理性进行审查，制止有损合作农户利益的"霸王条款"，保障合同履行。处理好开发与保护的关系，严守生态底线。将生态影响作为产业项目选择与绩效评价的重要标准之一，对任何不符合环境标准的项目坚决实行一票否决，对兼具经济和生态效益的项目给予重点扶持。构建完善的产业发展服务体系。充分利用互联网和大数据等技术手段，协调相关部门，着重提供好生产技术服务、市场信息服务、产业扶贫政策等方面的信息服务。建立健全多主体、多渠道的风险分担机制。一是充分发挥农业保险的风险化解功能。各地应尽可能地将本地主要重大农业项目、扶贫产业纳入政策性保险范围。二是指导龙头企业对贫困农户实行最低价政策。对扶贫产业涉及的主要农产品，各地可以保本为基准制定年度最低价格，当市场价跌破最低价时，由龙头企业向贫困农户提供保价收购，同时通过财政资金项目支持龙头企业发展，让企业和农户实现双赢。

五、"龙头企业＋合作社＋农户"利益联结的解读

通过铜仁市多年的实践，我们深刻体会到，"龙头企业＋合作社＋农户"组织方式有着极强的适应性和生命力，是不改变家庭联产承包责任制的前提下，发展现代山地特色高效农业行之有效的路径。"龙头企业＋合作社＋农户"的发展模式，是推动产业扶贫和农村产业结构调整的强劲动能。组织方式是农业产业革命"八要素"的黏合剂。贵州省切实加强党对农业新型经营主体的领导和引领，不断丰富"龙头企业＋合作社＋农户"新内涵、新特质，赋予"龙头企业＋合作社＋农户"新内容、新活力，为农村产业革命的产业选择、培训农民、技术服务、产销对接、利益联结等提供了组织保证和有效实现形式[①]。

2022 年 5 月，农业农村部出台《推进贵州现代山地特色高效农业发展实施方案》，支持贵州在新时代西部大开发中闯出农业现代化的新路子。产业体系、生产体系、经营体系是现代农业的"三大支柱"。现代农业生产体系重在提升农业生产力，现代农业经营体系重在完善农业生产关系，两者又共同支撑现代农业产业体系的发展，体现了现代农业生产力和生产关系的相互作用、有机融合，体现了现代农业的丰富内涵和核心支撑。为创新完善现代农业经营体系，贵州实施新型农业经营主体引进培育行动，计划到 2025 年，省级以上农业产业化经营重点龙头企业达 1 300 家，国家级龙头企业 50 家以上，省级示范家庭农场 3 000 家以上。专业合作社、专业种植养殖场、专业大户、产业化龙头企业等新型农业生产组织形式已成为农村产业结构调整、山地农业现代化的重要推动者。案例中这些"新型主体"通过创新生产经营方式，推进规模化生产经营，以

---

① 钱中客."龙头企业＋合作社＋农户"是产业扶贫好模式[N].贵州日报，2019-06-14.

"合作社 +"模式，统合小农生产引入市场，充分激活了贫困地区的"造血"功能，让越来越多的农民尝到了"抱团发展"的甜头。

1. "龙头企业 + 合作社 + 农户"模式的优势

——"龙头企业 + 合作社 + 农户"具有整合资源的核心优势和承载最优生产关系的特质。案例中，"龙头企业 + 合作社 + 农户"模式抓住了农业现代化组织方式的关键要素，具有要素完备、模式简洁、实践效果好等优势，是推进铜仁市农村产业革命的必由之路。特色农业是以追求最佳效益即最大的经济效益和最优的生态效益、社会效益和提高产品市场竞争力为目的，依据区域内整体资源优势及特点，突出地域特色，形成规模适度、特色突出、效益良好和产品具有较强市场竞争力的非均衡农业生产体系。这种非均衡农业生产体系，要求经营体系更加市场化运营，激发人才、资金和市场要素活力。国家对农村集体经济制度的改革取向是比较明确的，中央一系列相关文件的基本思路是巩固和完善农村集体资源资产"三权分置"这一中国特色的农村基本经营制度，既要赋予与保障农民更多的财产权利，又要发展壮大村集体经济。赋予与保障农民更多的财产权利，不仅是要增加农民的财产性收入，更重要的是要使农民真正成为市场主体[1]。发展龙头企业的目的就是更好地带动农民就业增收。龙头企业与农户形成稳定的购销关系，引导龙头企业创办或领办各类专业合作组织，农民专业合作社兴办龙头企业，实现龙头企业与农民专业合作社深度融合等。

——"龙头企业 + 合作社 + 农户"能使各要素专注发挥最大优势。"龙头企业 + 合作社 + 农户"组织方式的建立，既保障了三要素之间的紧密联合，更有利于各自在不同领域实现优势互补、强强联合。现代农业需要现代化的生产组织方式。"龙头企业 + 合作社 + 农户"，一头连着国内外大市场，一头连着农村千家万户及其产业基地，把企业、合作社和农民结成了"命运共同体"，克服了过去一家一户抵御市场风险能力脆弱、产品影响力不大等弊端，为农业新技术、新品种的推广普及提供了广阔平台和有力支撑。推广"龙头企业 + 合作社 + 农户"模式，把千家万户的农业产前、产中、产后各个环节联结起来，提升了农业市场化、标准化和现代化水平。培育家庭农场、农民合作社等新型经营主体，注重解决小农户生产经营面临的困难，把小农经营引入现代农业发展大格局，把大市场与小农户紧密联系起来。但是需要注意的是，乡村振兴不是"去小农化"，不是乡村过度产业化，而是在坚持乡村和农民主体地位的基础上实现农业农村与现代化发展的有机结合。

——"龙头企业 + 合作社 + 农户"注重全利益链条共建共享，解决了"小农户"在农业发展升级中的地位和出路。建立和完善龙头企业与农户的利益联结机制，使农民通过产业化经营真正得到实惠，是农业产业化经营的核心和基本要求。健全农户风险防

---

① 黄祖辉，李懿芸，马彦丽. 论市场在乡村振兴中的地位与作用 [J]. 农业经济问题，2021（10）：4-10.

范和收益保障机制，通过服务联结拓展农户视野，使利益联结机制向产业链、价值链层面拓展，增强农民参与发展的能力。顺应社会消费结构升级的趋势，增强、创新、完善农户利益联结机制的系统性、整体性和协同性。采用差异化分配和奖励等方式把使用扶贫资金形成的资产收益以及所有政策扶持收益分配给农户，增加农户财产性收入。与其他的组织形式相比，这种组织形式具有模式稳定、功能专一、优势互补、利益共享等特点，成效好、可推广、可复制。

2. 建立利益联结机制的方向

通过实践，我们深刻体会到，"龙头企业＋合作社＋农户"模式是带动小农户与现代农业衔接、实现三产融合的重要力量。通过"龙头企业＋合作社＋农户"，坚持强龙头、创品牌、带农户思路，有效托住了"小农户"这个农业生产经营主体朝着农业现代化发展方向前进。"龙头企业＋合作社＋农户"既是发展农业的一种模型，龙头引领、合作社带动、农户抱团，有利于促进土地流转、更大规模调整产业结构，是小农经济迈向市场化现代农业的桥梁和纽带，更是助推精准扶贫、精准脱贫和发展现代农业的一条现实路径。

在当下城乡二元结构仍较为明显的背景下，要实现巩固脱贫成果与乡村振兴有效衔接，必须抓好"人、地、钱"三个关键，促进乡村人口和农业从业人员占比下降、结构优化，建立健全有利于各类资金向农业、农村流动的机制[①]。

农业作为一个产业链，它包含了从种植、管理、收获、加工、流通、销售等一系列环节，企业、合作社与农民如何在其中承担好各自的角色呢？"企业＋农户＋合作社"新型合作主体一般是由农业企业牵头，在起初农民自发的专业合作社基础上改造升级而形成的。这种模式中，农民是核心、合作社是主体、企业是"龙头"。因为兼顾了三者利益，实践中表现出较强的生命力和吸引力。

农户是核心。首先是企业与农户签订最低保底收入，确保农民原有利益不减，增值部分企业与农民分成。随着生产持续发展、规模不断扩大，农民收入来源增加了，包括土地保底收入、生产增值收入、生产性劳务收入、合作社集体经营利润收入、政策性补贴收入，发展到高级阶段还能得到股份收入。合作社是主体。首先是生产经营主体，由合作社按照要求统一组织生产，实现了规模化、标准化、集约化。其次是收益分配主体，统一与企业和相关主体经营核算，提高了议价能力。三是共同富裕的主体。由于企业的介入，形成第一、二产业联动，企业将部分生产项目或某些生产环节转移给合作社集体组织农户生产，使集体形成经营收入与农户共享。实践中，由于企业事先按企业化经营的方式与合作社明确利益机制，提高了合作社的经营管理水平。企业是龙头。企业从保证自身原料数量、质量的需求出发，以订单的形式引导农民自发组织起来，按照企业的标准、时限开展生产。企业通过必要的投入、全过程的服务来锁定与农户和合作社的关系。因为农民的生产成果通过企业得到了价值实现和价值增值，增加了这种模式的

---

① 叶兴庆. 努力让乡村跟上国家现代化步伐 [N]. 中国经济时报，2018–12–18（T13）.

黏性，可持续性提高。企业也通过这种形式保证了原料的同时，稳定也原料价格，提高了原料的品质。整个模式中土地是根本，企业要求农户"带地入社"，实现了土地集中连片。这种模式最为重要的是降低了土地集中连片的难度进而实现了规模经营。上述三者因此形成了相互依托、利益与共、相互制约、互利共赢的和谐关系。

如何使中国的农村集体经济与组织成为适应中国特色社会主义"强政府与活市场"制度的微观主体，需要农业产业化龙头企业等新型农业经营主体的发展，改善农业经营主体的结构。但值得关注的是，现在政府政策惠及对象集中于所谓的"新型"主体，对普通农民惠及不够，导致了一些经营制度的异化和主体行为的扭曲，偏离市场取向。尽管村集体已经赋予农民（集体成员）长久不变的土地承包经营权、宅基地的资格权及其房屋的使用权与继承权、集体经济收益与资源资产的股权等权益，但仍然存在难以对外交易等约束，这些约束一方面使得农村大量的资源、资产不能进入市场和被激活，使得农村集体经济发展普遍缺乏内生动力与活力，大多需要依靠政府的项目支持或转移支付才能得以运行，发展壮大农村集体经济处在艰难境地。"龙头企业＋合作社＋农户"的组织方式，也存在龙头企业小而不强、合作社多而不专和农户散而不聚一些不容忽视的问题。推动乡村振兴，充分彰显"龙头企业＋合作社＋农户"组织方式的优势需要继续进行利益联结模式的深入系统研究。

一是在培育农业新型主体上持续发力。坚持以龙头企业为引领、合作社为纽带、农户为基础，鼓励具有山地特色优势产业的农民专业合作社兴办龙头企业，实现龙头企业与农民专业合作社的深度融合。支持龙头企业帮助农民进行农产品集中销售、运输、仓储和开展技术服务等，引导龙头企业与农户建立紧密的利益联结关系，增强合作社经济发展的动力、活力。推广村社合一，鼓励村支两委成员在合作社中任职，领办专业合作社。坚持补链、延链、强链相结合，着力延长产业链条，加快发展农产品加工业。

二是在职业农民教育培训上持续发力。党的十九大报告明确指出，要实现小农户和现代农业发展有机衔接。要通过利益和技术将小农户融入农业产业链。企业生存状况的不稳定让利益联结面临很大的不确定性。当前空壳社现象在各地普遍存在，导致利益联结的制约力有待加强。发挥好政府部门在利益链接机制工作中"有形手"的作用，推动利益联结机制的不断完善和发展。通过不定期推送农企利益联结相关的信息和典型案例，推进农业科技创新培训、示范推广活动，增强农民发展动力。由政府牵线对接企业和高校、科研院所，开展定向、定岗、订单式转移就业免费培训。综合采用分段集中培训、参观考察和生产实践相结合的方式，全面提高农村居民综合素质。组织实施新型职业农民培育工程，加快构建一支有文化、懂技术、善经营、会管理的新型职业农民队伍。选择培育扶持一批公信力强、功能完备、运作规范、作用显著的行业协会。把政治素质好、带富能力强的党员选为合作社负责人，切实把党建引领贯穿于合作社建设始终。成立土地流转组织体系，引导、扶持成立农村承包土地经纪公司，引入第三方评估机构，制定科学的农村土地估价体系。

三是在完善利益机制上持续发力。完善农村产权制度和要素市场化配置机制，深化农村"资源变资产、资金变股金、农民变股东"改革，健全农村土地经营权流转服务体系，激活农村资源要素，促进城乡要素合理流动，激发农村发展内生动力。更好地发挥政府引导服务作用、龙头企业带动作用、合作社联结作用、农民主体作用，健全完善融合发展机制，推动形成利益共同体、责任共同体。引导龙头企业发挥好人才、技术、信息、市场等优势，合作社发挥好组织群众、组织资源的作用，农户发挥好履行契约、诚信生产的责任，做到合理分工、各展所长、风险共担、利益共享。进一步深化利益联结方式，引导龙头企业与合作社、农户形成稳定购销关系，完善反租倒包、入股分红、产销合作等机制，在更多层面、更多领域实现共享发展。以产业化联合体为载体，探索发展内部资金的互助或联保。建立让农户合理分享全产业链增值收益的新模式，推动建立农户可持续增收的长效机制。

【案例9】贵州铜仁生态渔业的裂变式发展

世界自然遗产地梵净山东南麓，随处可见潺潺山泉地。受喀斯特地貌影响，山郭林间藏有很多天然岩洞，流出的地下水水质甘洌，水温恒定不超过 20℃，四季不断，水质优良，具有养殖优质冷水鱼的良好自然条件。

贵州省铜仁市依托丰富的山泉水等冷水资源，以梵净山环线的江口县为中心，带动印江、松桃、碧江开展生态特种冷水鱼养殖，逐步扩大规模及范围。目前全市基本实现冷水鱼孵化繁育、养殖生产、精深加工、营销网络等全产业链发展。环梵净山冷水鱼产业带渐成规模，冷水鱼养殖面积达 30.2 万平方米、产量突破 1 万吨，占贵州省冷水鱼产量的 45%[①]。

一、生态渔业的裂变式发展

铜仁市江口县位于世界自然遗产地梵净山东南麓，发源于梵净山的太平河、闵孝河、桃映河、车坝河等数十条河流的冷水资源水质优良，水温多保持在 15 ~ 23℃。江口县已探明地下冷水资源 53 处，冷水资源蓄水量达 1 亿多立方米，有可供水产养殖的水源点 42 处，是贵州省冷水资源最为丰富的地区。江口县得天独厚的生态环境、丰富的冷水资源和良好的水质，如何把生态优势转化为经济优势？

2000 年开始，江口县立足独特的生态资源优势，开始养殖冷水鱼，养殖的鱼类主要为中华鲟。到 2013 年，通过不断的发展改进以及陆续招商引资，开始规模养殖冷水鱼。2014 年，全县贫困发生率 19.85%，有 80 个贫困村，建档立卡贫困人口 4.3 万人。2018 年，江口县以优异的成绩光荣出列[②]。

1. 合作社联企联农激活养殖场

生长在江口县闵孝镇平寨村凉水井组的杨某某，在深圳经过进厂打工、开店做生意等十多年的摸爬滚打，闯出一片事业。杨某某心系家乡、资助乡亲。但她发现，仅靠

---

① 铜仁市"七抓七提升"聚力聚焦发展畜牧渔业 [EB/OL].贵州省电子政务网，2021-11-17.

② 罗浩，杨明璇（实习）.江口：寻求经济和生态环境"双高"探索脱贫长效机制新路 [EB/OL].江口县政府网，2020-07-23.

"捐钱资助"不能改变家乡的贫困，必须为乡亲们找到一条致富道路。2012 年 3 月，杨某某决定依托得天独厚的冷水资源，投资成立贵州江口绿源水产发展有限公司（简称绿源公司），开启"公司＋农户"规模养殖冷水鱼之路[1]。

绿源公司首先遇到土地流转的困难。县相关领导通过现场调查，建议平寨村成立合作社，来处理土地流转、村民入股、技术培训、基地用工等事项。于是，公司与平寨村两委决定成立江口梵源水产发展专业合作社，实施资源变资金、资金变股金、农民变股东"三变"方案，引导村民以土地、工资、技术、现金等入股合作社，抱团发展冷水鱼养殖。合作社参与冷水鱼产业发展，土地流转矛盾便迎刃而解，农户入股公司的积极性高涨。

平寨村绿源冷水鱼养殖有限公司通过 4 年的探索，完全掌握了鱼卵孵化、苗种培育和商品鱼养殖技术，2016 年，公司成为铜仁市特色养殖培训基地和农业产业化龙头企业。在绿源公司和专业合作社的带动下，建档立卡贫困户郑某某通过公司的前期培训，掌握了鱼苗管理技术，便以鱼苗管理技术和"精扶贷"5 万元入股合作社。加入合作社后，郑某某月工资 4 000 元，年底技术入股分红得 6 000 元，'精扶贷'入股分得 1.2 万元，全年收入 6.6 万元。被激活人力资源要素的平寨村，由以前的三类贫困村转身成为江口县脱贫致富的标杆。

江口县推动冷水鱼产业发展过程中，逐步形成了"公司十合作社（或养殖场）＋贫困户"模式，建立利益联结机制，带动当地农户增收。在全县脱贫攻坚中，该模式共覆盖贫困户 500 余户、1 500 余人，实现户均增收 3 000 元以上。通过水产养殖带动务工、开办农家乐延伸产业利益链条，带动 1.5 万人从事水产业，解决劳动力常年就业 3 000余人，人均年增收 2 000 元以上。

2. 好生态成就渔业规模发展

把生态资源变成致富资源，江口县在生态渔业方面做足功夫。2012 年，农业农村部划定江口县太平河、闵孝河为"国家级特有鱼类水质种质资源保护区"。江口县坚持生态优先，以水资源保护为根本，对全县的支流实行了河长制管理，提水质保养殖。从 2014 年起，江口县深入挖掘本土水环境、水资源和水文化价值，大力发展"3+2"（生态茶、特色水产养殖、猕猴桃 3 个主导产业和中药材、蔬菜 2 个增收项目）农业现代化道路。坚持单品突破战略，通过引进龙头企业带动发展，把冷水鱼养殖成功培育成江口县农业三大支柱产业之一。至 2017 年底，江口县特色水产养殖面积达 500亩，冷水鱼产量达 3 100 吨，年产鲟鱼苗 1 200 余万尾，产值达 1.4 亿元，占贵州省冷水鱼产量的 28.5%。

贵州梵净山脚下的德旺乡净河村依山傍水，村干部决策借鉴绿源水产发展有限公司发展模式，发展冷水鱼养殖，朝着"打造中国冷水鱼之乡"的目标迈进。2013 年，净水

---

[1] 杨道军. 好山好水养好鱼 合作社引领致富路 [N]. 东方城乡报，2019-6-18（B4）.

村引进贵州东亿农业发展有限公司（简称东亿公司），发展冷水鱼产业。公司于2016年和2018年，先后在江口县德旺乡净河村的和凯德乡小龙塘建立了集孵化、育苗、养殖于一体冷水鱼养殖基地。基地主要养的是中华鲟。位于德旺乡净河村的冷水鱼养殖基地里，共有鱼池60个，养殖面积80亩，年产商品鱼50多万千克。凯德街道小龙塘冷水鱼养殖基地占地100亩，可产鲟鱼150万千克。两个基地产值在5 200万元左右，解决100个工作岗位，户均增收4万元以上。

江口县德望乡净河村是江口发展冷水鱼养殖的一个缩影。净河村组建生态农业发展扶贫专业合作社，将统一经营的土地、水资源入股企业，占企业年纯利润的5%。村集体经济占其中的10%，剩余的90%作为农户入股土地资产分红。扶贫专业合作社还将220万元扶贫资金投入东亿公司。在村扶贫专业合作社的帮扶下，全村609户村民全部转化为股民。通过土地入股、资金入股、技术入股等方式带动20余户农户参与东亿公司分红，户均年分红5 000元以上。带动100余户农户到养殖基地务工，户均年增收2 000元以上。净河村贫困发生率从2014年的22.2%降至2017年底的1.29%。

2017年开始，东亿公司与中国水产科学研究院长江水产研究所结成战略合作伙伴，共同推进冷水鱼繁育、养殖技术研究、深加工产品的研发。东亿公司修建有天然净水池，流出的水经过12级沉淀，能达到二级水的排放标准，不会破坏当地生态环境和水质。在大大小小的圆池里，只见一条条中华鲟在池中怡然畅游。中华鲟肌肉和卵粒中含有人体必需的8种氨基酸，有很高的食用和药用价值。其鱼皮可制革，鱼卵可制酱，鱼胆可入药，鳔和脊索可制作鱼胶。

德旺乡净河村冷水鱼养殖基地

因为江口冷水鱼原生态、品质好，其市场反响非常好，主要销往两广及湖南等地，有的还出口到东南亚等国。按市价，1千克以下的标鱼每千克能卖到7元以上，42千克以上更为珍贵，能达到出口标准。2021年，东亿卖出了100万千克鲟鱼，销售额超过3 000万元。

东亿公司通过技术合作研发，鱼苗繁殖技术上得到了提升，成活率提高到 90%，鱼子酱鱼养殖的成活率提高到 85%。2020 年，东亿公司与铜仁学院水产学科团队开展的山麻鱼人工繁育技术取得阶段性成果，共繁育出水花鱼苗近万尾。为进一步延长鲟鱼产业链，在小龙塘冷水鱼养殖基地内，建设有占地 3 000 多平米的深加工厂。2020 年，东亿公司与贵州省生态渔业有限责任公司签订股权转让协议，整合资源，推动江口冷水鱼产业提质增效、持续健康发展。

在生态渔业龙头企业的带动下，江口县以冷水鱼产业链发展为载体，通过与长江水产研究所、四川润兆渔业有限公司、铜仁学院等科研团队合作，建立产品研发中心，推动第一、二、三产业融合发展，真正把资源优势逐步转变为经济优势。组建专业合作社 50 余个，在现有主导产品鲟鱼的基础上，开展鲑鳟、大鲵等冷水鱼品种的养殖研究，以满足不同区域、不同层次、不同类型的市场需求。江口县在 30 个村发展鲟鱼、大鲵等特色水产 5 900 余亩，在太平镇三沛塘村、坝盘镇合寨村、高墙村等发展山麻鱼和小龙虾等特色水产品。江口通过龙头带动、品牌引领、群众参与，衍生出了一批批水产小微企业，特色水产养殖面积 6 000 余亩，渔业产量达 5 550 吨。生态渔业年总产值已突破 1.6 亿元，持续巩固提升脱贫攻坚成果。

截至 2021 年，江口县在德旺、闵孝、民和等地建成了 15 个养殖基地，其中创建国家级水产种质资源保护区 1 个，入选农业农村部健康养殖示范场 7 家，省级龙头企业 1 家，获得无公害产地认证 6 家。全县冷水鱼养殖总面积达 560 亩，成为贵州省冷水鱼养殖产量最大、面积最宽的县，尤其建成了贵州省规模最大、产量最高的冷水鱼鲟鱼养殖基地，产量 4 440 吨，年产鲟鱼苗 1 500 余万尾，产值 1.33 亿元，成为贵州省渔业"裂变式"发展县（凤冈县、湄潭县、江口县）之一。"裂变式"发展县中，凤冈县、湄潭县为稻渔综合种养裂变县，江口县为冷水鱼养殖裂变县。

二、生态渔业裂变式发展的解读

农业发展的核心是依据独特资源，培育不同于其他地域或企业的最关键的竞争能力与优势。有学者认为，竞争优势来源是资源或组织能力，资源是被控制的资产，组织能力是企业组合、开发和使用资源去创造竞争优势的潜力。可见只有企业综合考察区域资源的异质性资源，才会产生持续的竞争优势。整合是能力形成的过程，资源集聚、集群发展提高效益和竞争力的重要措施，也是拉动区域经济跨越式发展的重要方式。农业龙头企业，这个农业产业化经营组织形式，其核心职能之一是整合区域资源，按照专业化分工和协作进行有秩序的运营，将资源转化为为客户创造价值的产品和服务。

铜仁市正是依托区域自然优势，大力推进"一县一业、一乡一特、一村一品"的发展格局。截至 2021 年，全市累计建成冷水鱼规模养殖场 34 个，有效流水养殖面积达 27.03 万平方米，产量达 6 421.9 吨，苗种年繁育能力达 1 000 万尾，产值达 2.13 亿元。

先后入选农业农村部健康养殖示范场 3 家，省级健康养殖示范场 8 个，具有年产商品鱼 200 吨以上企业 11 家。2021 年，全市新增鲟鱼养殖面积 3 万平方米以上[①]。到"十四五"规划期末，全市水产品产量将力争在 10 万吨以上，渔业产值力争实现 40 亿元以上，努力将铜仁市打造成全省乃至全国名特优淡水产品的重要供给基地。

铜仁市江口县也是得益于良好的生态环境和优质的水资源，冷水鱼产业构建出了以鲟鱼繁育、养殖、加工、销售和鱼子酱加工、销售及国际贸易于一体的鲟鱼全产业链。

1. 充分发挥龙头企业的示范引领作用和带动作用，带动周边农业产业规模化、立体化发展格局

通过案件可知，铜仁市冷水鱼产业先后引进贵州省生态渔业有限责任公司、绿源公司、东亿公司、贵州古鲟生物科技有限公司等龙头企业，充分利用优质水资源，打造集繁育、养殖、科研于一体的冷水鱼综合产业体系。为壮大龙头企业，铜仁市提出新型农业经营主体"十大体系"建设工程，大力推广"龙头企业 + 合作社 + 农户"组织方式，形成"1+1+1 ＞ 3"的聚合增益效应。冷水鱼产业发展龙头企业和规模养殖场在技术与制度创新中相互渗透、相互交叉使冷水鱼产业形态动态发展，全市培育冷水鱼省级农业龙头企业 2 家，市级农业龙头企业 5 家，带动 100 余个小型企业（合作社、大户）3 000 余人。创新主体发展方式，积极引导返乡、下乡人员按照现代农业产业化组织方式开展农村创业创新，探索农民以土地承包经营权开展合作制、股份合作制、股份制等多种形式，推广运用农村"三变"改革等经验，建立合理稳定的利益联结机制。如东亿公司申报省级农业龙头企业，通过"龙头企业 + 农户"模式带动产业发展，冷水鱼健康养殖"龙头企业 + 农户"模式入选"2019 贵州省农村产业革命 12 个特色产业发展模式"。江口县采取"公司 + 合作社（或养殖场）+ 贫困户"的利益联结机制，养殖鲟鱼、三文鱼等冷水鱼，带动当地贫困农户脱贫致富。农民专业合作社是现代农业发展的重要组织形式。产业扶贫是确保脱贫不返贫的有效方法，合作社 + 贫困户找准产业扶贫的"药引子"。农民专业合作组织具有明显的生产组织优势和经济带动优势。农业龙头企业培育，需要引导返乡、下乡人员通过承包、租赁、入股、合作等多种形式，创办和领办家庭农场、农民合作社、农业企业、农业社会化服务组织、农村个体工商户等新型农业经营主体。大力扶持和培育种植养殖规模农户、流通型农业企业、农产品初加工和农村经纪人队伍。建立现代农业产业化联合体或产业联盟，着力培育产权清晰、利益共享、机制灵活的创业创新共同体，促进农村第一、二、三产业融合发展。

2. 谋划产业发展规划布局，扩大生态渔业养殖规模

铜仁市先后出台了《铜仁市生态渔业发展实施意见》，编制了《铜仁市养殖水域

---

① 王立强 阙有清 . 铜仁市围绕六强化六提升推进冷水鱼产业发展 [EB/OL]. 中国网多彩贵州，2021-03-19.

滩涂规划（2018—2030）》和《铜仁市特色生态渔业"十四五"发展规划》，进一步明确生态渔业的发展思路、目标任务和保障措施。成立以市人民政府副市长和市政协副主席任双组长的生态渔业领导小组和生态渔业发展工作专班，印发《市领导领衔推进农村产业革命工作制度》，加强对全市生态渔业发展工作的组织领导和业务指导。成立由市委、市人民政府主要领导为双组长的农产品加工转化领导小组，出台了《关于深入推进农村产业革命促进农产品加工转化的实施方案》。同时强化资金保障，积极对接省级相关部门项目申报，争取省级和国家专项资金。2019年以来，全市争取各级财政资金1 120万元支持冷水鱼产业发展，为冷水鱼产业发展提供了坚实保障。有了相关文件的政策支持和资金扶持，按照"突出顶层设计、突出项目建设、突出目标任务、突出科技服务、突出主体培育"五突出发展思路，铜仁市大力推广渔业新品种、新技术和养殖新模式。围绕水产品"扩量和提质"两个重点，打造高效渔业生产区域。目前，全市建成国家级健康养殖示范场8个，建设100亩集中连片稻渔综合种养示范基地70个。全市共培育各类渔业经营主体437家。玉屏贵水黔鱼苗种基地、东亿公司德旺基地、思南山野渔业藏龙湾基地荣获2021年度全省"十佳生态渔场"。农产品加工转化作为产业效益升级的重中之重来抓。铜仁市在现有鲟鱼养殖的基础上，积极推动江口鲟鱼子酱加工基地、贵州古鲟生物鲟鱼子酱加工等项目建设，提升产品附加值和产业规模化效益。江口县鲟鱼子酱加工基地项目建成后，每年可培育鲟鱼亲鱼600吨，产鱼子酱20吨，副产品150吨。数据显示，铜仁市宜渔水面约60万亩，占贵州省的20%以上；地下冷水资源年流量达到15.7亿立方米，若全部开发利用可养殖冷水鱼3万吨以上。为此，铜仁市除了特色冷水鱼养殖外，还大力发展稻渔综合种养、湖库生态渔业、休闲渔业，从河湖的孕育，到稻田的滋养，全市生态渔业的发展不断向第一、二、三产业融合发展的大舞台迈进。

3. 扩大冷水鱼品牌在市场上的话语权、定价权，不断提升冷水鱼品牌的市场份额

品牌建设作为冷水鱼产业发展的重要抓手，扶持企业培育自主品牌，强化冷水鱼品牌优势。江口县整合县内冷水鱼产业，开展无公害产地、产品认证，委托专业团队进行统一策划、宣传，制定江口县冷水鱼地方标准，以鲟鱼、大鲵等品种为重点，培育冷水鱼产业品牌，并注册"贵水鲟"品牌。铜仁市冷水鱼养殖严格按照无公害操作规程与要求生产和加工，从优质产品、商标注册、广告宣传、产品包装到经营策略进行全方位品牌建设，打造无公害食品品牌。以品牌打造倒逼产业规范发展和转型升级，不断提升冷水鱼的竞争力和附加值，实现以品质求发展、以品牌求发展的良性循环。目前冷水鱼产业已入选农业农村部健康养殖示范场3家，省级健康养殖示范场8个。实施"互联网+"现代农业行动，积极搭建农村电商发展平台，鼓励各类经营主体入驻电商平台发展电子商务，进一步推动"黔货出山""网货下乡"。江口冷水鱼产品、苗种远销重庆、昆明、北京、上海等地。鲟鱼产品远销越南等东南亚国家，鲟鱼年出口产量50吨以上。

【案例10】贵州铜仁万山区推广"九丰农业+"模式实践

贵州省铜仁市万山区坚持以脱贫攻坚统揽经济社会发展全局，深入推进农业供给侧结构性改革，按照"乡乡建大棚、一乡一特、一村一品"发展思路，探索推广"九丰农业+"大棚蔬菜技术培训和产业发展模式，推动绿色蔬菜产业"泉涌"发展。在辖区9个乡镇（街道）发展标准大棚蔬菜面积12 000余亩，带动3 000多户贫困户发展蔬菜产业，户均年增收3 000元，山沟沟变成了城市居民的"菜篮子"。

万山区按照乡村振兴战略"产业兴旺、生态宜居、乡风文明、治理有效、生活富裕"的原则，积极推广"九丰农业+"大棚蔬菜技术培训和产业发展模式，建成蔬菜产业全产业链服务体系，推动蔬菜产业品牌化建设，加快推进绿色商标申报认证，将万山打造成为全省乃至西南地区重要的蔬菜技术、生产、加工、销售、交易中心，形成绿色蔬菜的万山品牌，打造"武陵菜都"。

一、万山区推广"九丰农业+"模式

按照新建大棚设施蔬菜基地，提高土地利用率和产出率，强化结构、科技、品牌三个支撑点的"一建二提三支撑"的思路，推进"核心大棚+示范大棚"的大棚蔬菜规模化、标准化、优质化技术推广基地建设。

1. 标准化建棚

万山区出台《万山区大棚设施蔬菜种植技术应用推广试点实施方案》，以九丰农业博览园大棚设施蔬菜种植技术为支撑平台，科学选择国道、省道沿线，河流两侧等立地条件好、土壤质量高、交通便利的区域，在每个乡镇（街道）规划建设1～2个大棚设施蔬菜种植示范试点基地。选定了谢桥街道牙溪村，茶店街道茶店村，万山镇三角岩社区，大坪乡白果村，鱼塘乡大龙村，高楼坪乡大树林村、小湾村，黄道乡丹阳村、龙江村，敖寨乡两河口村，下溪乡兴隆村等11个村作为第一批示范试点。

2. 标准化推进

成立由区长任组长，分管副区长任副组长，区发改局、财政局、农牧科技局、扶贫办、工业和商务局、交通运输局、水务局等部门，及各乡镇（街道）主要负责人为成员的区大棚设施蔬菜种植技术应用推广试点领导小组，负责统筹和协调政策资金、土地资源整合等工作。各乡镇（街道）负责大棚建设，对建设任务倒排时间表，明确责任人，形成了"领导小组统筹管、农业部门监管、乡镇（街道）具体管"的大棚蔬菜推广试点管理机制。

3. 标准化生产

按照"统一、简化、协调、选优"原则，区农业部门在征求农户意愿的基础上选定了白菜、辣椒、西红柿、南瓜、茄子、黄瓜等适合在本地栽种的蔬菜品种，由九丰农业负责育苗、供苗。共同组成技术监管小组，制定了选种育苗、土壤有机改良、种植密度、管理维护和检测上市等蔬菜种植实施标准，对产前、产中、产后各个环节进行全过程监管。在每个乡镇（街道）设置农药残留检测站，定期对出棚蔬菜进行抽样检查，保证蔬菜产品绿色无公害。充分发挥大棚蔬菜设施节水节能、高效高产和稳定实用的特点，彻底改变传统的农业生产模式，实现了"三改四提升"，改平面采光为立体采光、改漫灌为滴灌、改化学防治为生物防治和物理防治，实现了光照率90%以上、水利用率80%以上、农家肥占比90%以上、亩产值提升300%以上。

万山区在项目建设过程中，以生产经营主体（企业、专业合作社、家庭农场、生产大户）投入为主，辅以省级、市级脱贫攻坚基金，财政专项扶贫资金，整合其他涉农项目等。区人民政府整合财政扶贫专项资金、其他涉农项目资金，在大棚设施建设完成并通过验收后，视大棚设施建设的标准和规模给予一次性补助。

二、与企业共同合作发展"九丰农业+"模式

万山区建立起产前技术引进、培训，产中技术指导、服务，产后销售服务的一条龙服务体系。

1. 农户增添"两种身份"

创新"九丰农业+大棚蔬菜基地+农户"的大棚蔬菜技术培训服务，在九丰农业博览园建成大棚蔬菜技术培训基地，将9个乡镇（街道）的大棚蔬菜试点示范基地，作为大棚蔬菜技术现场教学、现场观摩、实际操作教学示范点，将课堂搬到田间地头，定期对各乡镇技术专干、农户进行专业技术培训，采取1个示范大棚培育2个以上技术专干，带动参与大棚蔬菜种植农户学技术的"1+2+N"基层大棚蔬菜技术推广模式，打造了大棚蔬菜管理、种植的本土专业技术队伍，让农民既做产业工人又做农技学员。截至目前，共举办培训班6期300余人次，现场观摩培训70期2 000余人次。

2. 创新零距离技术服务

由区农业部门技术骨干和九丰农业技术专家组成专家组（由政府出资200万元，每个乡镇聘请一名公司技术员作为科技副职，专项从事大棚蔬菜种植技术推广），制定统一技术规范操作流程，定期或不定期对各乡镇（街道）大棚蔬菜种植基地进行巡回或蹲

点现场指导，确保蔬菜生长期的各个环节严格按照技术要求作业。建立专家包片和"24小时"问题处理机制，开通技术服务 QQ 群、微信群，专家组、技术人员和管理人员在群里分享交流种植技术、种植心得等经验，针对蔬菜生产过程中出现的技术难题，第一时间帮助解决，缩短农业技术服务与产业一线的距离。

3. 构建蔬菜销售服务机制

建立"区内直供、区外铺网和公司兜底"的大棚蔬菜销售网络，万山区内成立农产品采购配送企业，全区学校食堂等所需蔬菜进行直接采购、统一配送。由各乡镇人民政府牵线，大棚蔬菜基地与周边县（区）主要超市、蔬菜经理人、酒店等进行产品供销合作，蔬菜销售商直接到基地采购。依托九丰农业的全国营销渠道，与基地签订销售协议，按品种、品质和市场价格进行兜底回收，由九丰农业统一销售。

三、规范经营主体与贫困农户利益联结机制

1. 建立"公司＋村集体经济＋农户"带动模式

由专业合作社或企业、村集体经济和农户三方合作投资建立大棚蔬菜产业基地，组建生产销售公司，带动贫困户以精准扶贫专项资金、土地等入股变股东，建立技术服务部、生产部、销售部，实现市场化运作、合作化经营、专业化管理、科技化支撑的"四化融合"。创新"721"产业分红机制，按照入股资金比例将年利润的 70% 用于贫困户、20% 用于合作社、10% 用于村集体经济分红，形成贫困户受益、合作社正向激励和村集体资产保值增值的利益分配方式。

2. 建立"大户＋农户"带动模式

通过小额贷款贴息等扶持政策支持，鼓励产业大户、家庭农场主等致富带头人，成立蔬菜种植专业合作社，投资建设大棚蔬菜试点示范基地，村支"两委"与其签订帮扶合作协议，提供政策、基础设施建设等保障，将全村贫困户作为整体入股合作社参与分红，吸引社会资金参与发展大棚蔬菜。如：黄道乡丹阳村由产业大户投资 370 万元建成大棚蔬菜基地 120 亩，村支"两委"整合基础设施建设资金 260 万元，带动 70 户贫困户入股合作社分红。

3. 建立"村集体经济＋农户"带动模式

由村支"两委"领办村集体经济，通过财政扶贫资金、村集体发展资金等作为全村精准扶贫户的股金，建设大棚蔬菜试点示范基地，同时延伸农业产业链条，对村庄的山林、田地、河流等自然资源进行整体规划利用，推动基地景区化。如：谢桥街道牙溪村村支"两委"整合资金 300 万元，农户贷款 85 万元入股，成立专业合作社，建成蔬菜大棚观光园，延伸发展民宿、开心农场、五彩田园等项目，打造乡村田园综合体，带动 32 户贫困户入股分红。

四、政府引导产业创新发展

1. 创新"党组织 +"机制

万山区将乡镇(街道)党(工)委、各村(社区)党支部作为推动大棚蔬菜技术的主力,通过政策支持、基础设施保障等作引导,整合资金投入道路、供水、供电、机耕道等基础设施建设,出台政策对贫困户奖励扶持办法(如竹架大棚、钢架大棚、标准化钢架大棚每平米分别补助 5 元、10 元、30 元),引导龙头企业、专业合作社、蔬菜经理人和家庭农场等力量参与,聚集了资金、土地、人才、劳动力等资源要素。同时,以村为单位,推行"一户一亩菜园"工程,实行"流转土地、技术指导、经营管理、市场销售"的四个统一,为贫困户每户建立一亩以上生态菜园,推进了传统农业向规模化、产业化升级。

2. 创新农户参与合作机制

万山区通过小额贷款贴息、精准扶贫专项资金、产业扶贫基金等扶持政策,鼓励合作社(公司)、产业大户、家庭农场主等致富带头人,与村级党组织和农户三方合作投资建立大棚蔬菜产业基地,签订帮扶合作协议,带动贫困户以村为单位整体入股产业基地参与分红,贫困户以精准扶贫专项资金、土地等入股变股东,投资建设大棚蔬菜试点示范基地,建立起技术服务部、生产部、销售部,实现了市场化运作、合作化经营、专业化管理、科技化支撑的"四化融合"。如:下溪乡兴隆村引进企业投资 50 余万元,村支"两委"整合 200 余万元资金作为贫困户股金,签订土地入股协议 56 份,带动当地群众近 100 人就业,月薪酬 2 000 元,其中 3 名精准扶贫人员成长为技术专干,月薪2 500 元。

3. 创新人才选拔机制

万山区在产业发展过程中,注重选拔懂经济、会管理、善经营的致富能人、农民企业家等进入村级班子,组成既是村干部又是村集体经济经理人的管理团队。建立产业发展业绩考核评价制度,把发展壮大村级集体经济纳入村干部年度考核,对连续两年在全区考核评价为"好"并排名前三的村两委负责人,提拔进入乡镇(街道)党政班子,有贫困村的乡镇(街道)每年拿出 1 个以上事业岗位,面向工作业绩突出的村干部定向招聘,激发村干部干事的创业动力。

五、推广"九丰农业 +"模式实践的解读

当今市场的竞争已不是单个主体的竞争,而是整个产业链的竞争。农业产业化是农村经济和农业发展过程中多种矛盾相互作用的必然结果。农业产业化经营是以农户经营为基础,以龙头企业为依托,实行产、供、销加种养、农工商一体化经营体系。农业产业化的经营要改变自我服务、传统的小农经济自给自足的封闭式状态,形成稳定和区域

化的生产基地，生产经营规模化，形成竞争力、辐射力、带动力，以及提高规模效益。农业产业的生产要素组合、资源配置、产品购销、生产资料等依靠市场机制实现和进行配置。一个地区乡村的自然与人文资源、乡村地域性特征等因素决定着乡村产业的特色。乡村特色产业是利用乡村资源优势创建的乡村产业。一般来说，是以乡村资源禀赋和独特的历史文化资源为基础，根植于农业农村地域特色和乡村价值。但是农村资源变资产的渠道尚未打通，阻碍了金融资本和社会资本进入乡村产业；农户易受小农生产的行为规律的支配：市场好了，农户单干，市场差了，农户找政府。因此，发展特色产业迫切需要提高农户的组织化程度。2018 年初，国家开展了产业化联合体支持政策创新试点，农业产业联合体将是农业产业化发展到新阶段的必然产物。发展农业产业联合体，就是让家庭农场从事生产，农民合作社提供社会化服务，龙头企业专注于农产品加工流通，从而形成完整的产业链条。培育新动能是推进乡村产业发展的重要力量。乡村农业产业化发展的新动能主要来自新型经营主体和经营主体的发展活力。

1. 政府引导是关键

在农业产业化推进中，政府应发挥统筹主导作用，通过加大产业规划，让农村产业从"小而散"转变为专业化生产，向集群化、基地化发展；完善农业社会化服务体系，特别是农业、科技等部门对农业产业化工作的组织技术指导。政府要增大资金投入，金融机构要创新贷款形式，对规模化农业产业加大支持力度。万山区按照新的发展理念，通过建立"领导小组统筹管、农业部门监管、乡镇（街道）具体管"的"九丰农业 +"推广管理机制，党支部成为推动大棚蔬菜技术的主力。提高土地利用率和产出率，强化结构、科技、品牌三个支撑点的"一建二提三支撑"的思路，整合农业项目、水利、扶贫等资金，推动劳动力、土地等资源要素向集聚配置，为蔬菜基地建设创造了良好的环境。特别是万山区在产业发展过程中，注重选拔懂经济、会管理、善经营的致富能人、农民企业家等进入村级班子，组成既是村干部又是村集体经济经理人的管理团队，提升了基层组织发展产业、带民致富的能力。建立起产前技术引进、培训，产中技术指导、服务，产后销售服务的一条龙服务体系，推进"核心大棚 + 示范大棚"的大棚蔬菜规模化、标准化、优质化技术推广基地建设。规范经营主体与贫困农户利益联结机制，解决了企业（合作社）发展的后顾之忧。

2. 企业带动是核心

农业产业化是通过开发新技术、新模式，实现农业生产的规模化和集中化，对实现农业生产方式向现代化转变具有重要意义。农业产业化龙头企业在带动小农户共同发展和实现乡村经济多元化发展方面肩负着重要使命。培育和扶持农业产业化龙头企业，关键是建立规模化产业基地。政府要完善农业产业化发展规划，实行全域空间布局。万山区率先打造集蔬菜种植、精深加工、技术研发、旅游观光为一体的全国一流高端山地特色生态农业示范园区——九丰生态农业综合体，并直接交由九丰农业负责经营和管理，让经营主体与建设主体一致，打破传统由政府主导建设的模式。全面发挥九丰农业的市场优势、技术优势和人才优势，为园区"松绑"、为企业"松绑"，使全区大棚蔬菜基地建设实现了高效发展。创新"九丰农业 + 大棚蔬菜基地 + 农户"的大棚蔬菜技术培训服务，聘请九丰农业技术员作为科技副职，专项从事大棚蔬菜种植技术推广，缩短了农业技术服务与产业一线的距离。多渠道打开蔬菜等农业产品的销售通道，将直供直销渠道拓展到北京、上海、广州等一线城市。

3. 助农增收是目的

农业产业化促进农民增收致富，推动特色产业规模化、标准化、产业化发展，既可以解决农户与市场脱节问题，又促进农业产业化龙头企业、农户形成紧密的利益联结机制。万山区将大棚蔬菜基地建设发展与群众脱贫挂钩，通过龙头企业带动大棚蔬菜发展联动当地群众致富。推动"龙头企业 + 基地 + 农户""村集体经济 + 合作社 + 农户"等模式，利益共享、风险共担，共同发展，提升农民收入水平。由村集体经济、专业合作社和农户三方合作投资建立大棚蔬菜基地，组建生产销售公司，带动贫困户以精准扶贫专项资金、土地等入股变股东。推动"三变"（资源变股权、农民变股东、财政资金变股金）改革，构建紧密的农企利益联结机制。依托"公司 + 基地 + 农户""党组织 +"等产业发展模式和创新，让群众参与到大棚蔬菜基地的经营发展中，获取租金、股金、佣金等收入。推行"622"利益联结机制，形成农户受益、合作社正向激励和村集体资产保值增值的利益分配机制，实现参与中共享、共享中共建，真正让群众的腰包"鼓起来"。

【案例 11】贵州遵义花茂村的"乡愁经济"

贵州省遵义市播州区枫香镇之东北部的花茂村，东接乐山镇新华村，西靠枫元村，南邻土坝村，北抵苟坝村，毗邻国家级高速干道遵赤高速、杭瑞高速和兰海高速，国道326 和省道 208 紧邻项目地，距仁怀机场 50 公里，遵义机场 100 公里，交通区位优势明显。

花茂村原名荒茅田，意指贫困荒芜，后改名花茂，寓意花繁叶茂。花茂村总面积9.8 平方公里。全村 26 个村民组，1 345 户 5 225 人，有耕地 5 531 亩。近年来，花茂村统筹推进精准扶贫，实现了田园风光、红色文化、陶艺文化与产业发展的有机融合，成为远近闻名的乡村旅游胜地。2016 年，花茂村入选中国美丽休闲乡村，2019 年被列入全国乡村旅游重点村。

一、花茂村的发展背景

1935 年 3 月 10 日，中央红军在花茂村附近的苟坝召开了著名的苟坝会议，会议讨论是否进攻打鼓新场的问题。会议最终撤销了进攻计划，挽救了中国革命的有生力量，成功实现了四渡赤水的战略目标。苟坝会议是遵义会议的继续和完善，是中国革命走向辉煌的关键，会议遗址留存至今。

2015 年 6 月 16 日，习近平总书记来到贵州省遵义市枫香镇考察时，连片的向日葵花开得正艳，下车驻足欣赏时，称这里是"望得见山，看得见水，记得住乡愁"的地方，并提出"政策好不好，要看乡亲们是哭还是笑"的重要论述。

什么是乡愁？习近平总书记曾深情地说，乡愁就是你离开了这个地方，会想念这个地方。花茂，这个曾经的穷乡僻壤，如今成了"望得见山、看得见水、记得住乡愁"的美丽田园。

习近平总书记在离开花茂村时要求村支部要带好头，把花茂村建设好、发展好。花茂村在党组织的引领和扶贫政策支持下，依托境内的红色旅游资源——苟坝会议遗址，在相邻的土坝、花茂、苟坝等村整体推进"四在农家·美丽乡村"建设，引进九丰农业、贵州顺然生态农业开发有限公司等多家企业落户，发展特色农业和乡村旅游，推进农旅一体化。花茂村以"小康六项行动计划"为抓手，全面改善农村路、水、电、信等基础条件，注重保护一砖一瓦、一草一木、一山一水。统筹精准扶贫与全面小康齐步走，以实现"村有主导产业、户有增收门路、人有致富技能"为总目标，积极推动农旅文一体化和第一、二、三产业融合发展。

花茂村坚持以"四在农家·美丽乡村"升级版建设为总抓手，城乡基础设施实现共建共享，村庄发展呈现逆城镇化态势，农业园区变成农业公园，黔北民居变成产业孵化器。伴随美丽乡村建设，花茂村百花盛开，干净整洁的黔北民居，吸引了众多的游客前来追寻红色印记，感受最美"乡愁"。

二、发展乡愁经济的做法

（一）重新规划农旅产业

1.村庄总体定位——中国乡村红色农旅产业创新区

花茂村村委会认为以会议旧址参观和红色革命教育为主的红色旅游已经有一定发展，但产品体验形式单一，留不住游客，消费带动差。多个景点分散在整个区域，相对独立，缺乏联动性，制约整个景区的发展。农业土地资源规模小而散、产业链短、效益和竞争力较差。

因此，花茂村村委会决定重新规划农旅产业。花茂村村委会招标中农富通城乡规划设计院，这是一家"专注三农，服务城乡"，提供规划设计、产品定制、园区运营、数据信息、科研合作等专业服务的供应商。新规划范围约16平方公里，主要包括南部的花茂村和北侧的苟坝会址。新规划继承苟坝会议的红色革命辉煌，承载当代乡村振兴的光荣使命，以红色旅游文创、会议论坛交流、乡村农村示范三大功能主题为核心，打造集红色旅游、会议学习、乡村度假、产业发展等特色为一体的中国乡村红色农旅产业创新区、中国乡村振兴的先导区。

2.产业体系——构建"3+2"发展模式

（1）三大主导产业

红色旅游产业：依托苟坝的历史文化背景及苟坝会议遗址，围绕红色旅游，打造集红色教育、山水演艺、素质拓展、党建学习、红色文创等功能为一体的红色旅游产业链。

陶艺文创产业：延续花茂村百年陶艺加工的历史文化，开设陶艺体验坊、陶艺学院、陶器实验室等项目。打造以陶艺文创为主导，木艺家居、手工纸艺、油纸伞艺等文创产业为辅助的文创产业链。

生态农业产业：以立体种养模式，发展千亩梨园和果林生态鸡基地；以共享农庄模式，发展有机蔬菜种植基地；以稻鱼共生模式，发展特色稻鱼种养基地；以稻田景观模式，发展景观稻米种植基地。

（2）两大配套产业

康养避暑产业：利用花茂村天然的气候条件和生态环境，打造商务会议中心、避暑度假产品、康体娱乐配套、乡村养老基地、酒店民宿群等产品，形成康养避暑产业。

乡村人才孵化产业：打造农人孵化基地、乡村振兴交流论坛、乡民讲座大讲堂、乡村自然课堂、儿童农场学校、物资物流运输站等产品，以乡村人才培养为目标，实现花茂村的乡村振兴。

3. 规划实施——搭建五大平台振兴乡村

建立农村合作社：以农村家庭承包经营为基础，通过提供农产品的销售、加工、运输、贮藏以及与农业生产经营有关的技术、信息等服务来实现农民的经济利益最大化。

实施品牌乡村工程：统一区域品牌形象，强化品牌组织，形成品牌体系，保护知识产权，避免恶性竞争，逐步将农特产品、文化产品等也纳入其中。

构建社群新零售网络：创新社群组织化方式，形成以社区为中心的新消费场景，打造生产端到消费端直接互动的渠道，打通农产品从乡村到城镇的向上通道，以及消费人群从城镇到乡村的向下通道。

打造区域乡村振兴孵化器：从产业、产品、资源、主体的组织平台着手，打造供需互动的交易平台。该平台也是乡村文化创意平台，更是综合服务和孵化平台，是凝聚乡村振兴合力、促进区域经济发展的引擎。

搭建智慧乡村和绿色金融平台：以乡村大数据为基础，充分利用互联网、物联网、区块链等手段，紧紧围绕乡村产业和乡村生活，实现智慧乡村链接智慧城市。

（二）具体行动

以乡村振兴为最终目标，通过产业融合、旅游发展、乡村改造、农人教育、平台搭建5个维度，为乡村发展和景区开发保驾护航。

花茂村振兴五大策略

1. 村民自治与村庄整治的结合

花茂村通过召开党员大会、村民代表大会，修改制定了村规民约、文明公约、诚信公约，完善了对村民行为的规范。一方面，村干部与村民都要守规范。作为农村群众自治组织核心的村两委，通过完善自身权力行使与监督，进一步夯实了村民自治在"美丽乡村"建设中村庄整治的重要功能。另一方面，完善网格化治理。通过建立智慧社区管理平台，开展村组公共服务均等化试点。花茂村将全村划分为 12 个网格，实行"一格一员"零距离服务，同时辅以"帮群众想、教群众会、带群众做、促群众富、让群众笑"的群众工作"五法"，打通联系群众"最后一公里"。花茂村近年来通过"一事一议"财政奖补政策，累计整合资金 2.4 亿元。通过各级政府住房改造补贴，全面改善了村里的水、电、路、信、气、污水垃圾处理等基础设施，建成陶艺文化创意一条街、游客服务中心，核心区域还实现了免费 Wi-Fi 和"天网工程"全覆盖，既改善了群众的生活条件，又为发展乡村旅游奠定了基础。

2. 提升乡村环境整理的效用

花茂村以前是一个"出行难、饮水难、看病就医难、农田灌溉难、村民增收难"的典型贫困村庄。早在 2008 年，党支部、村委会就作出了"治理穷山恶水，改变花茂村面貌"的决定。近年来，花茂村通过政府与民众等多元渠道筹集资金进行环境整治，着力整治农村生活环境脏乱差，建设干净整洁、安居乐业的美好家园。实施改水、改厕、改灶、改圈"四改"和健康知识、卫生习惯、清洁环境"三进户"；推行环境卫生网格化管理，建立"五户联保"制度和村寨卫生管理公约，通过相互制约、相互监督、定期互评，督促群众养成良好的生活习惯。

花茂村把村庄打造成景区，并没有大拆大建，而是有取有舍，取的是山水田园一体、山中有田、田中有院；舍的是破坏村庄整体风貌的私搭乱建。建立有当地少数民族特色的民居群落。花茂村坚持黔北民居"七大元素"，合理引导农村住宅和居民点建设，以"小青瓦、坡屋顶、转角楼、三合院、雕花窗、白粉墙、穿斗枋"七元素为基调，挖掘培育乡愁文化、农耕文化、陶艺文化，新改建黔北民居 880 栋，家家户户实现庭院绿化整治，既保持了村庄的传统风貌，又结合了现代化元素，与青山绿水浑然天成，成为一道靓丽的风景线。

受益于"美丽乡村"建设示范，村里路、水、电、信等基础设施全面改善。环境好了，村子美了，村务管理也更精细。

3. 创新精准扶贫模式

通过新农村升级版的建设，昔日的小乡村变成了旅游景区，还推动了产业结构调整、群众就近就业，使每栋黔北民居变成民宿、产业孵化器，使农业园区变成旅游景区、农业公园，使荒山变成花果山，使"青山绿水变成金山银水"，既解决了精准扶贫问题，又解决了同步小康问题。

花茂村中的民宿

（1）产业扶贫的创新。花茂村完善"公司（园区）+基地+合作社+村委会+农户"利益联结机制，通过土地流转、平时务工等，带动农民发展产业脱贫致富。传统农民成为产业工人。2014年，花茂村引进九丰农业、贵州赢实现代农业科技发展有限公司、山东燎原农业科技股份有限公司三家公司发展高效农业，共流转土地1 800余亩。3家合作社流转土地调整产业结构，群众通过土地、资金、技术等多种方式参与，既得租金又得分红，还有薪金，400多位农民成了"车间工人"。九丰农业投资2.6亿元建设的枫香蔬菜现代高效农业园区，实现当月考察洽谈、当月签订协议、当月动工建设、当年建成试产，创造了农业园区建设的"枫香速度"。花茂村还通过招商引资，加大土地流转力度，发展精品水果和生态传统农业1 000亩，发展刺梨种植2 500亩，苗林一体化基地1 000亩。

花茂村中的"乡愁·土墙"

（2）电商扶贫的创新。花茂村在上级政府的帮助下，成立"互联网+"服务中心和"青年创客中心"，大力发展农村电子商务，引进乡亲淘、爱特购、农村淘宝、主题邮局等 6 家电商平台入驻，带动农民利用自家房屋开办网店，使当地农特产品走出乡村、走向市场，有力促进老百姓变成商人，黔北民居成为产业孵化器。

（3）旅游扶贫的创新。"望得见山、看得见水、记得住乡愁"，花茂村的田园风光引得游人纷至沓来。习近平总书记视察后，花茂村党总支积极引导群众，抢抓这一机遇，积极发展旅游产业，实现增收致富。与乡村旅游相关的产业形态也在花茂村如雨后春笋般地"长"了起来。花茂村村民开办农家乐，搞起红色游、乡村游、农业游，从脱贫走向致富。如今，漫步花茂，老木屋、石板路、土院墙、稻草垛……浓浓的"乡愁"扑面而来。得益于丰富的民俗文化资源和浓郁的乡土风情，花茂村的"乡愁经济"呈现井喷态势。

三、花茂村乡愁经济的解读

党的十九大报告提出，要按照产业兴旺、生态宜居、乡风文明、治理有效、生活富裕的总要求，建立健全城乡融合发展体制机制和政策体系，加快推进农业农村现代化。花茂村在产业上做足文章，既制定好规划，做大做强乡村旅游，也做好土地的文章，把绿水青山变成"金山银山"，积极探索美丽乡村建设的模式和机制，走出了一条有特色、可借鉴，统一性与个性化兼具的美丽乡村探索之路。

1. 花茂村守住了生态和发展两条底线

花茂村的巨变，得益于念好"山字经"，打好"生态牌"，制订了符合自身资源禀赋的乡村振兴方案，着力发展乡村旅游、农业产业、特色文化，实现了田园风光、红色文化、陶艺文化与特色高效农业的有机融合。得益于花茂村支两委真抓实干，立足优势选准产业，保持文化完善村貌，乡村旅游提档升级、生态环境日益向好、精神文明丰富多彩，不断促进城乡基本公共服务均等化、基础设施联通化、居民收入均衡化、要素配置合理化、产业发展融合化。花茂村犹如一面镜子，指引欠发达地区在乡村振兴战略背景下，正确处理发展和生态环境保护的关系，探索使产业与生态融合、人与自然融合，把当地农民变成新型农民的路径。

2. 乡村特色产业发展是"美丽乡愁"核心

2022 年，是巩固拓展脱贫攻坚成果同乡村振兴有效衔接的关键之年，"三农"的工作重心已历史性转向全面推进乡村振兴。乡村振兴最核心的还是促进产业发展。花茂村依托三大优势做大、做好、做强乡村旅游和其他产业，一是依托苟坝红色基地、土陶文化，全力发展乡村旅游业，让群众在家就可以工作，让孤寡老人的孩子归家，让留守儿童的父母回家，提升群众幸福指数。二是依托九丰农业，带动周围农民种植蔬菜，以现代农业引领农民脱贫致富。三是依托花茂村的绿水青山，大搞产业结构调整，种植经果林，让绿水青山变成"金山银山"，让老百姓的日子越过越红火。花茂村的实践，再次说明乡村产业发展一定要按照实际情况、因地制宜。

3. 花茂村解决了乡村振兴"留人难"问题

加强人才队伍建设，能够为乡村振兴战略的全面推进提供长效的内生动力。在广袤的农村尤其是原贫困地区的农村，人才的稀缺已经成为制约经济社会发展的重要因素。乡村里青年人才干事创业平台和机会较少，与城市相比，福利待遇、生活环境等存在较大差距。乡村如何留住人，需要给人们一个可以努力的方向和一个看得见的未来。花茂村约有 2 000 人外出打工；到了 2020 年，尚在省外打工的村民只有约 300 人。外出打工村民纷纷回到家乡创业就业，"在家就业就是好，还能照顾老和小"成为大家的口头禅。只有积极发展本村特色产业、壮大村集体经济，才能吸引人才"回流"。同时促进农村基础设施、公共服务建设，才能为留住人才加注砝码。乡村振兴，就是产业和人口在空间和生态两个约束维度之下进行结构化重构的过程。乡村不能单纯是一个农业产业、农业空间，要发展新业态，成为一个综合性的就业空间。因此，乡村振兴，人才为本，要注重将产业链向县域经济延伸，吸引各类人才返乡、入乡创业，实现人才双向流动。

【案例12】农旅融合下乡村旅游和休闲农业的新实践

　　农旅融合是在尊重农业产业功能的基础上，合理开发利用农业旅游资源，将农业农村发展与旅游产业的建立与推广相结合，形成"以农促旅、以旅兴农"的发展之路。农旅融合是乡村旅游和休闲农业发展的新模式，是实现产业融合的新手段。

一、陕西袁家村发展模式

　　袁家村坐落在关中平原腹地礼泉县烟霞镇北面的九嵕山下，处在西咸半小时经济圈内。袁家村周边有着丰富的历史文化资源，距其1公里内的唐太宗李世民昭陵，是世界上最大的皇家陵园。唐肃宗建陵石刻，是关中地区帝王诸陵中数量最多、保存最完整的石雕石刻群。成阳公主墓、尉迟敬德墓、魏徵墓，让旅游者可追思盛唐风骨。

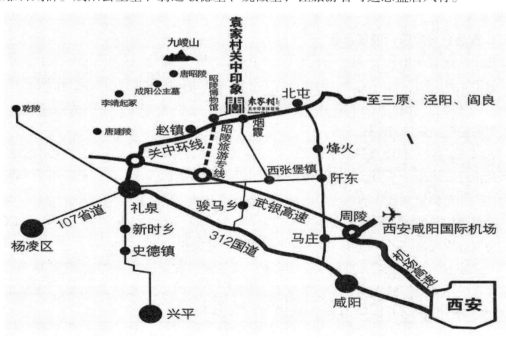

袁家村关中印象区位

走进礼泉县烟霞镇袁家村，只见民俗文化一条街上青砖灰瓦、雕梁画栋的传统建筑鳞次比栉，透过门窗向屋内看去，特色十足的手工作坊里，有现做现磨香油的、有传统手工艺制作卢记豆腐的、有加工酸奶的，甚至还有毛驴拉着磨盘磨鲜辣子面的……一幕幕关中生活场景精彩纷呈，令人流连忘返。

（一）从"空心村"到中国最美乡村"袁家村"

20世纪五六十年代，袁家村东西一条街，南北两排房，62户人家，150口人。这就是一个破败荒芜的空村。当地群众有顺口溜说："点灯没油，耕地没牛，干活选不出个头儿。"

20世纪70年代初，袁家村村党支部书记带领群众修田造地、改土积肥、把贫瘠土地改造成了旱涝保收的良田沃土，粮棉亩产量跃居全省前列。改革开放后，村里大力发展企业，家家户户都住上了村集体建设的二层小楼，成为闻名全省的富裕村。后来袁家村的水泥厂、石灰厂等村办企业被关停了，青壮年劳力纷纷外出打工，又成了环境脏、乱、差的"空心村"。

从2007年至今，袁家村以乡村旅游为突破口，打造农民创业平台，由开始的单一农家乐模式向乡村休闲产业聚集发展。经过十多年的努力，袁家村创造了乡村旅游和特色小镇的典范。袁家村2014年被评为中国十大最美乡村之一，2016年成为国家AAAA级景区。2017年袁家村接待游客达500万人次，可计算财政收入3.8亿元。目前袁家村的旅游业年收入有10亿元，最高人流量超700万人次，村民们人均年纯收入超10万元。

1. 发展乡村旅游，留住乡愁

城市化进程加快，农村成为许多城市居民的回忆。袁家村以关中民俗和农村生活为核心内容，以关中传统老建筑、老作坊、老物件等物质文化和非物质文化遗产所代表的关中民俗文化为内涵，以乡村生活、农家乐、关中小吃和当地农民参与经营为特征，建设关中印象体验式旅游景区。

2011年，袁家村围绕"关中印象"的定位，建设了两条具有关中特色的仿旧小街。一条是特色农家乐一条街，能够满足旅客食、宿、娱方面的需求；另一条是关中小吃文化一条街，包括以老式作坊为主的前段和以各色名吃为主的后段，中间建设游客集中区域，又可以供旅客休息娱乐。与小吃文化街并行的，是一条以明清建筑风格为主的酒吧街，为迎合现代旅游者的喜好，室内设计采用现代化风格。

在袁家村可以看到农家庭院、民宿客栈、大剧院、敬天楼、秦琼祠、烟霞草堂、惟德书屋、关中戏楼等鳞次比栉，行走在康庄老街、小吃街、作坊街、祠堂街、书院街、酒吧咖啡街，让许多人找到了故乡的感觉。

袁家村的美食，更是让许多人品尝到了儿时的味道；从作坊街漫步到小吃街，可看见从食材加工到手工制作的全过程。据介绍，作坊街直接向小吃街和民宿提供原料，绝不允许在原料和食品中添加任何添加剂。在手艺人的巧手制作下，从前关中人自家日常吃的农家饭，成为游客喜爱的小吃。袁家村经营的 200 余家小吃店，几乎包括了关中地区所有的小吃，成为响当当的品牌。

2. 建设创意文化，打造美丽乡村

袁家村以民俗文化和创意文化为核心，建设了文创艺术区、回民街、观光商铺。开发了富有个性化的商业形式，如艺术画廊、书店、咖啡馆以及高端旅游文化产品。还建设了休闲农业观光体验园、咖啡厅、艺术工作室、展览等，进一步满足了旅游者的各种需求。

祠堂街里有打铁、剪纸、竹编工艺、泥人文化馆等民俗类手工艺以及百年老字号的传统手工作坊，宝贵的地域民俗文化信息得到了保护和传递。祠堂东街充满了浪漫和文艺的气息，有许多网红小店坐落于此。

袁家村打造乡村度假小镇，形成了完善的基础设施、完善的服务功能，汇聚了各类人才，发展的第三产业吸引创意工作室和文创青年、时尚达人参与投资和管理。袁家村既有现代气息的时尚生活，又有乡愁民俗，非常适合居住。

3. 转型升级，进城出省

袁家村完成乡村旅游向乡村度假转变后，面临着一直被模仿，从未被超越的压力。袁家村的入城出省又是一个重大的创举。通过"基地＋农民合作社＋管理"的方式，"袁家村模式"开始推向城市、走向全国。

2015 年 8 月 8 日，西安曲江银泰袁家村城市体验店开业就生意兴隆。随后，西安市陆续开了 15 家袁家村城市体验店，宝鸡市、咸阳市的袁家村城市体验店也陆续开办。在袁家村城市体验店里，不仅有袁家村小吃，还有农产品自选区，它们把绿色无公害农产品推向城市，这才是"袁家村模式"发展的本质要求。

2016 年，袁家村"出省战略"全面铺开，输出袁家村品牌和商业模式。目前陆续开办的有青海省"河湟印象·袁家村"、山西省"忻州古城·袁家村"、新乡市"同盟古镇·袁家村"。合作的意向项目分布在浙江、江苏、湖北、河北和北京等省市。

袁家村依靠大都会风景区创造区域民俗文化体验区，变成了一个"民俗"概念。立足乡村、推向城市、走向全国的袁家村品牌布局，将对全国各地的乡村旅游、田园综合体价值取向产生积极影响。

袁家村的旅游产业经历了从民俗旅游到度假旅游再到农副产品产业链的纵向发展，不断凸显"旅游＋"，"＋"的核心是品质。袁家村在寻求更好的发展关中生活体验景区的过程中，更重视产业融合，并将这种发展思路和经验向全国推广，根据不同地区的特点，塑造更多的袁家村乡村旅游模式。袁家村现阶段的乡村产业形成了民俗旅游、农业

观光度假、农副产品的加工生产三个板块。产业融合基本是"三产带二产促一产"逆向发展，通过旅游带动农副产品销售，形成品牌市场，实现第三产业带动第一、二产业的融合发展，促进更多小型品牌走出去。

（二）袁家村乡村旅游发展模式

袁家村挖掘关中民俗文化，建设成了具有地方特色的国家 AAAA 级景区，它和其他景区最大的区别在于门票免费、免收租金。"开放"和"免费"引来了大量的游客和商家，迅速产生了巨大的"旅游流量"，呈现出更多资本和人才进入，带来更多要素和资源，全面扩大、充实和提升袁家村景区的独特特征。这可以说是袁家村如神话般存在，一直被模仿，从未被超越的根本性原因所在。

1. 建立开放与集中的管理与运营组织结构

袁家村的规划管理与运营由行业协会、村委会、旅游企业、政府部门四个部分协作完成。在这个组织架构中，外部组织的政府部门的相关工作人员，起到监督、协调、整改的作用。内部组织由村委员领导下的旅游公司、行业协会组成。袁家村村委会总揽乡村旅游规划建设的各项事宜，还要对全村居民进行组织动员，开展培训以及基础设施建设、文化塑造、产业结构调整等活动。行业协会由专业人员组成，参与袁家村规划建设的决策，负责每日抽查商户产品质量、经营卫生情况，与商户和居民及时交流相关信息，监督袁家村各种资源要素的使用和流动情况。驻村工匠在袁家村整体规划的空间布局和建设尺度方面拥有较高的话语权。小吃街有小吃协会，酒吧街有酒吧协会，农家乐有农家乐协会，由业界有威望的人担任会长，协会的管理者都由商家推选而来，大家都是利益共同体。整个乡村旅游市场的运行以关中印象旅游公司为主，该公司负责引导、协助各个利益主体做好游客接待工作。

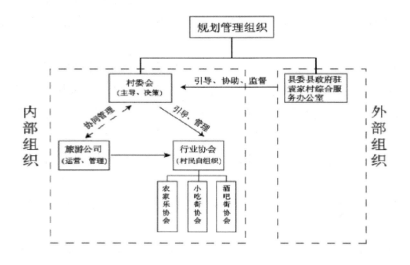

袁家村规划管理和运营结构

依据产业发展业态的差异，袁家村的运营分为不同的模块。第一种是村民自己经营管理的农家乐，是在原住宅基础上经过改造增加的餐饮服务，这一区域由村委会指导建设。第二种是新建的娱乐设施区域，由村委会指导建设并统一管理的集吃、住、行、游、购、娱等要素于一体的综合休闲娱乐区。第三种是袁家村的酒店、饭店、农业休闲观光园等区域，这些项目的土地属于袁家村集体经济所有，但是资金投入和管理运营是第三方。

在运营模式上，袁家村党支部书记、袁家村关中印象体验地创始人和设计者郭占武将袁家村的成功归结于"村干部带领村民共同致富的典型"，其模式可以归结为"以村集体领导为核心，村集体平台为载体，构建产业共融、产权共有、村民共治、发展共享的村庄集体经济"发展模式。袁家村发展乡村旅游是全盘考虑每个村民的根本利益，实现共享发展成果和利益最优，以股份合作为切入点，创办农民合作社。其目标是最大限度调动农民的积极性，解决群众收入分配不均和共同富裕的问题。

（1）以村集体领导为核心，以村民为主体

组建了以村两委为核心的村集体领导队伍。袁家村所有村干部都有共同的思想认识：干部没有任何特权，干部队伍就是服务队，就是为村民跑腿、为群众服务的，村里发展好了，自己家也会跟着好，有大家才有小家。

袁家村的村干部都不拿工资，义务服务。袁家村在发展之初村集体就明确提出自主发展的路径，坚持村民的主体地位，树立村民的主人翁意识，让村民当家做主，自主发展、自我发展。不管外界的诱惑和压力有多大，袁家村都不拿村民的自主权和控制权做交易，坚持农民主体地位不动摇，确保全体村民的根本利益和长远利益。

（2）以村庄集体平台为载体，组建股份合作制集体经济组织

为了盘活集体和群众闲置资产，把散弱农户的个体利益与集体利益紧密结合，实施村集体内部无物不股、无人不股、无事不股。将集体资产进行股份制改造，集体保留38%，其余62%量化到户，参与社区集体经济组织的成员都可以持股。对于旅游公司、合作社、商铺、农家乐等经营性主体，可以自主选择入股的店铺，互相持有股份，入股的范围不仅是本社区居民，还包括袁家村社区的经营户。

在合作社入股过程中，遵循全民参与、入股自愿、照顾小户、限制大户的原则。以产权同享为核心，所有入股农民与集体经济组织共进退、同发展，极大地促进了生产要素的自由流动，实现了村集体与农户个体的均衡发展。在管理上，由村委会牵头，组建管理公司和协会，包括农家乐协会、小吃街协会、酒吧街协会，协会成员由商户们自己推选，为协会提供义务服务，构建了自我治理的发展模式。

从 2007 年开始，袁家村在商户管理方面采用自治方式，村干部自愿为村民服务。商户自治管理方式主要由村委会主办，设二级管理部门和自治组织，自治组织是根据商铺所销售的产品种类实行分类。

2. 建立利益联结机制和参与机制

2007 年，在袁家村发展旅游业的开始，因为袁家村并没有什么资源优势，很多人持观望态度。经过村干部的积极动员和选派一些党员干部、带头人等外出学习带头示范，最终形成了"支部引领、党员示范、骨干带头、群众参与"的袁家村村民参与模式，这一模式的成功是一个非常艰辛的过程。村里提出以集体经济力量作为支撑、反哺村民的方法。率先改造房屋建设农家乐的居民，政府和集体经济为其提供 50% 的补贴；临近街道的农家乐可以占用道路进行扩大经营；外来居民采取先经营后交费的政策；发展效益好的商铺可以以土地、资金等方式参加入股分红。很快农家乐的发展路子得到了广大市场的认可，农家乐的数量增加，参与的村民也越来越积极，村民从中获得的经济收益不断增加。

袁家村股权结构由基本股、交叉股、调节股三部分构成。①基本股，将集体资产进行股份制改造，集体保留 38%，剩下 62% 分配到户，每户平均 20 万元，每股年分红 4 万元，只有本村集体经济组织成员才能持有，缺资金的农户以土地折价（ 4 万元 / 亩）入股。②交叉股，集体旅游公司、村民合作社、商铺、农家乐相互持有股份，交叉持股 460 家商铺，可自主选择入股店铺。③调节股，全民参与、入股自愿、钱少先入、钱多少入，照顾小户、限制大户。实现了所有权、经营权、收益权的高度统一，全民参与、入股自愿，你中有我，我中有你，形成了利益共同体。通过调节收入分配和再分配，避免两极分化，实现利益均衡。袁家村农民人均纯收入中入股分红、房屋出租等财产性收入占 40.1%。

在经营方式上，袁家村采取不向商铺收取地租的方法进行管理，避免了开设的作坊、商铺收入上的不平衡。始终秉持为商户提供良好的平台才能吸引游客的理念，不搞市场化竞争，保持收益回报尽快回流。在商户管理上创新发展，对于营业水平较低、出现一些经营问题的商户，以补贴的形式维护袁家村整体形象，保障民俗文化不流失和全体居民利益最大化。还提倡全面股份制的管理方式，比如袁家村名气最大的酸奶作坊，就是很多居民集体投资入股、建造厂房、管理经营的，很多村民作坊也通过这一形式实现。

在收益分配上，袁家村村委会是非实体经济体，不参与各类经营主体的经营收入分成，也不占有各类合作社股份，只承担为各类参与主体提供服务、协调利益、制定发展战略等职能。关中印象管理公司与村委会是"一班人马两块牌子"，实质上是代表村集体利益的经济实体，承担着村集体经济对外扩展、对内管理的职能。村集体的主要收入来源于商户、投资公司的利益分成。

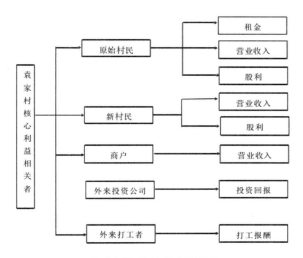

袁家村旅游收益分配结构

袁家村原始村民参与旅游发展而获得的收益来源：一是原始村民通过经营农家乐获得收入；二是入股分红，原始村民通过资金入股的方式加入袁家村各类股份合作社，获取合作社的股权收益；三是房屋出租收入。袁家村新村民获得收入的途径有两种：一是通过资金入股合作社取得股利；二是通过经营商铺获得营业收入。目前，袁家村小吃街、艺术长廊、酒吧街的商铺全由外来商户经营，小吃街的经营项目采用一铺一品，根据店铺经营业绩的差异和项目类别成立了多家股份合作社。祠堂街、书院街和回民街三条街区分别由三家外来投资商承包，街区内各个商户的招商由投资商操作，收益主要为投资街区所获得的投资报酬。外来打工者以袁家村周边村民为主，通过打工报酬获取经济收入。

在乡村旅游发展中，每个利益相关者的不同诉求都会使他们之间产生矛盾和冲突。袁家村采取了多种平衡利益的措施：每年年末，村委会会对小吃街商户的经营情况进行统计和分析，利润分成比例为 30% ~ 80%，对于经营业绩不好，但又必不可少的商户给予补贴，以丰富业态、提升袁家村市场竞争力。结合商铺产品类型及经营者能力等因素，对经营业绩排至后四位的商铺进行整改或淘汰。对于外来商户采用更具有偏向性的利益保障政策。如在小吃街开办初期，村委会与商铺签订合同承诺，在商户收回成本之前不收取任何费用。

袁家村是以"三农"为内涵的"农业"品牌，其产业与农业、农村和农民密切相关，是解决"三农"问题的探索者和创新者。袁家村通过打造农民创业平台一系列创新实践，成功探索出一条破解"三农"难题、实现乡村振兴的新路径。

3. 产业规划："一个品牌，两个产业"

袁家村在产业方面可以总结为"一个品牌，两个产业"：一个品牌是指"袁家村"品牌，"袁家村"的品牌价值估值已经超过 20 亿元，并且仍然在快速的增值中。"袁家村"的品牌，可以形象地解读为"'袁'汁'袁'味的精神原乡"，是以农村和农民为内涵的"农"字号品牌，其产业与"三农"紧密相连、息息相关。郭占武提出的袁家村品牌 + 创新团队 + 资本 + 互联网的新思路、新模式为袁家村的发展提供了更为广阔的空间和前景。

两个产业，一是指以传统民俗和创意文化为核心的个性化、高端化和系列化的关中文化产品产业，二是指以特色农副产品和健康餐饮为核心的养殖、加工包装和销售产业。经过多年发展，袁家村从乡村旅游起步，市场规模和经济效益不断提升，品牌价值更为凸显，第三产业强大直接带动第二产业的发展；由传统手工作坊到现代加工工厂再到连锁加工企业，第二产业围绕第三产业布局；第二产业的发展不断扩大对优质农副产品的需求，拉动第一产业规模不断扩大。袁家村真正构建起由"三产带二产促一产、三产融合发展"的良性循环体系。

实施产业融合，不断提档升级。不走传统"由一产向二产和三产拓展"的思路，探索出"由三产带二产促一产，并立足品牌溢价的多维度产业共融"的发展路径。

从发展民俗旅游开始，袁家村的第一步确定了推动第三产业的快速发展，第三产业拉动手工作坊兴盛，形成了"前店后厂"和加工企业，企业不断转型升级拉动第二产业发展壮大，进而提升对优质农副产品的需求，推动了第一产业规模的不断扩大，"三产带二产促一产"的三产融合发展格局形成，构建了一个相容共生、互补兼顾、层次递进的村集体经济可持续发展的闭环产业链和成熟商业模式。

目前，袁家村共有农副产品加工企业 10 个，旅游服务企业 6 个，建成菜籽、玉米、大豆、红薯等优质农产品基地 14 个，还大力推动农副产品的线上线下销售，培育发展新动能和后劲。

二、浙江宁波福泉山茶场的探索

（一）发展农业旅游的自然环境

福泉山茶场，位于浙江省宁波东钱湖旅游度假区。福泉山常年受象山港典型的亚热带海洋性季风气候浸润，空气湿度相对较大，终年云雾缭绕，昼夜温差大，四季分明。茶场内山峦起伏、苍绿葱翠。东有五台峰、望海峰，南有天打岩，西有五塔峰，北有青龙岗，群山环抱，奇峰相峙，山上山下大大小小水库共 11 处；年平均气温 16.2℃，历年最低气温 −8.3℃，最高气温 38.5℃；年平均降水量约 1 500 毫米；年日照 2 000 小时左右，无霜期 230 天左右；土壤主要为黄壤，部分为红壤、黑壤，土壤深厚肥沃，土层深度在 1 米左右，黄壤有机质含量（表土层）为 4.25%，全氮 0.218%，全磷 0.028%，pH 值 5.3，为茶树生长提供了优越的生态环境。从茶园分布来看，呈东南向西北走向，形成"龙走蛇游"之势，此乃"东海龙舌"茶的妙处所在。

福泉山茶场是宁波市占地面积最大、茶树品种最多的茶场，是宁波市的农业龙头企业。茶园建设堪称国内外茶园建设之典范，素以"茶海碧波"闻名远近。茶场总面积 10.5 平方公里，合 15 750 亩，含有茶园面积 3 600 亩（其中茶树良种繁育实验基地 560 亩，无性系良种茶园 1 800 亩，保存有迎霜、毛蟹、福鼎、菊花春、劲峰、翠峰等优良茶树品种 100 余个），杉木林 8 000 亩，毛竹及阔叶林 4 150 亩。

宁波福泉山茶场的前身是鄞县福泉山畜牧场，始创于 1958 年 2 月。1971 年 11 月 9 日，鄞县福泉山畜牧场更名为鄞县福泉山林牧场。1975 年开始，由农业部投资 300 余万元，用 4 年时间在福泉山建设起了 3 000 余亩高标准的茶叶示范基地，之后由农业部与地方联合投资在福泉山茶场建立了 240 亩茶叶良种繁育示范场，从浙、闽、粤、皖、苏、湘、滇等地引进茶树良种 24 个。1979 年 7 月，原鄞县福泉山林牧场正式更名为鄞县福泉山茶场，正式跨上以茶为主的发展轨道。

2008 年，宁波市人民政府批准福泉山茶场为市茶业科技示范区，2010 起，在福泉山唐公庵周围的山坡上，建立了茶树种质资源圃，有 108 种茶树。被中国著名茶树种植专家刘祖生教授命名为"百茶园"的茶树种质资源圃里，有金牡丹、黄牡丹、劲峰、翠峰、春波绿、龙井 43、银霜、浙农 21、六柏香、镜岭……这么多茶树，很多人难得一见。这样一个茶树种质资源圃，各种茶树品种可以保留下来，以供科学研究和各地引种，但由于每一个品种数量不多，所以难以产生经济效益。

宁波产茶历史悠久。唐宋时期，宁波是"海上茶路"的启航地，东亚各国的茶文化就是经宁波而传播的，可谓茶文化底蕴深厚。1983 年，福泉山茶场开始研究创制地方名茶"东海龙舌"（原名迎霜龙井），1988—1990 年，"东海龙舌"茶荣获宁波市一类名茶三连冠，并被列入计划单列市名茶开发新产品，此后多次荣获国际国内名茶评比金奖，成为宁波市创牌最早的名茶之一，"东海龙舌"注册商标也连续被评为浙江省著名商标。

作为首批国家级旅游度假区，东钱湖拥有着迷人的自然风光和深厚的人文底蕴，而福泉山作为东钱湖的代表名片之一，赋予了东钱湖旅游更深的内涵和更多的体验。3 600 亩连片茶园国内罕见，成为人们登山眺望、采摘体验、山野度假的一大休闲胜地。2018 年 3 月，浙江省农业厅、旅游局联合开展了"最美田园"推选活动，福泉山茶园被推选为浙江省 100 个"最美田园"之一。

"一山观湖海 品茗福泉山"。由宁波东钱湖旅游度假区管理委员会主办，宁波东钱湖镇人民政府和宁波东钱湖文化旅游发展集团有限公司承办，宁波福泉山茶场协办的福泉采茶文化节，以茶为媒，让更多的人走进东钱湖，了解东钱湖，把东钱湖的美传递给更多的人。福泉采茶文化节由赏茶舞、祝茶礼、通茶恩、尝茶鲜四部曲组成，参加游览者甚多，茶文化与休闲旅游的结合，让更多的人感受到东钱湖浓浓的茶道古韵，在挖掘传统文化的同时，助力文化旅游发展，推进东钱湖旅游开发。

（二）具体做法

1. 加快农业龙头企业发展步伐，推进产业化经营

2008 年，宁波市人民政府《关于加快农业龙头企业发展推进农业产业化经营的若干意见》出台，鼓励农业龙头企业和农民专业合作社及行业组织采用国内外先进标准，创建农业标准化示范区，鼓励积极开展技术标准自主创新活动；加强优势农产品的品牌培育，发展一批具有市场竞争力的知名品牌；对市、县两级农业龙头企业、农民专业合作社及行业组织创品牌或联营创品牌给予补贴。

2008 年 12 月 12 日，宁波市人民政府批准建立宁波福泉茶业科技示范园区。该园区被列为市级农业科技示范园区，是全市唯一一个以茶为主的市级农业科技示范园区。茶场先后实施了"种质资源引进与研究""种质资源分子鉴定""茶叶生产高新设施化技术示范应用"等项目，引进各类茶树品种 104 个，在全市率先引进防霜扇、茶园管理机、色选机等先进设备。

2010 年，"宁波福泉山现代茶产业提升实施规划"通过了专家评审，茶场围绕"产业、科技、旅游、文化"发展方向，对茶场 3 600 亩茶园进行品种改良和老茶园改造，并进行了整体的肥力提升，对主要生产区域、包装车间等进行了厂房改造，添置了多套国内外的先进茶叶生产、检测设备，努力将福泉山茶场打造成全市的茶产业核心区。

2011 年，宁波市人民政府决定将宁波茶文化博览园项目落户福泉山茶场。2014 年，市编办同意"宁波市茶叶科学研究所"挂牌茶场，同时茶场更名为宁波福泉山茶场（宁波市茶叶科学研究所）。茶场正式走上了以名优茶生产为主、大宗茶生产为辅的经营道路，并相继开发了"云雾春"等多个系列产品。

茶场坚持"科技兴茶"之路，以项目建设为契机，通过与浙江大学、宁波林特推广中心等单位合作，利用福泉山茶场品种优势，发展优质红茶、乌龙茶、花茶等系列产品以及机采机制优质绿茶、红茶，不仅丰富企业自身产品类型，更对众多优质茶树资源进行了本地区适应性研究，积累了宝贵经验。近年来，"东海龙舌"先后多次荣获"中绿杯"金奖、国际名茶评比金奖、中国森林博览会金奖、浙江绿茶博览会金奖等。

2. 打造产业、文化、旅游、科研四位一体的现代化茶企

2017 年，福泉山茶场进行转型升级，重新审视、谋划与布局，茶博园建设全面动工，为将茶场真正建设成为产业、文化、旅游、科研四位一体的现代化茶企铺平道路。

根据规划方案，宁波茶文化博览园总投资规模 1 亿元左右（不包括大慈禅寺佛教文化区项目），集茶叶生产、技术研发、品牌推广、茶文化展示于一体，打造以茶为元素的旅游景点和文化工程。首期启动的项目有宁波茶叶博物馆、茶产品展示展销中心、宁波茶叶研究所（宁波茶叶品质评鉴中心）、明州仙茗加工包装中心等。宁波茶文化博览园功能定位为：国家级茶叶标准园建设示范基地、国家级良种茶树繁育基地和种质资源库、明州仙茗品牌核心基地、浙东地区重要的茶文化旅游区、科普教育实习基地等。

三、农旅融合与乡村旅游的解读

乡村振兴的核心要义是"产业兴旺、生态宜居、乡风文明、治理有效、生活富裕"。产业兴旺是乡村振兴的支撑要素，着力于开发农村新产业、新业态，促进第一、二、三产业融合发展；生态宜居是乡村振兴的基础要素，致力于农村生态环境的优化与居住环境的美化；乡风文明是乡村振兴的精神要素，立足于乡村人文生活和人—地—物关系的和谐共生；治理有效是乡村振兴的支持要素，侧重于乡村治理结构和农村管理机制的完善；生活富裕是乡村振兴的目标要素，落脚于经济发展成果惠及亿万农民。乡村振兴战略的提出，旨在推动新时代农村第一、二、三产业融合发展和农业农村现代化。旅游型乡村致力于乡村价值再造，促进"三农"整体和城乡融合发展，实现乡村振兴。

在社会发展中，因生产模式、土地利用形式、人口密度、生活方式等的差异，人类聚落常常被分为城市和乡村两种类型。乡村是人类文明的起源，文化的滥觞，尽管其发展具有明显时代烙印，但人们对美好乡村的追求始终不渝。

"来前想不到，走后忘不了，看似很简单，就是学不会"，袁家村以村民为主体的乡村旅游一举突破和改写了传统教科书的定义和范式。构建农民创业平台的低成本乡村旅游，是袁家村人解决"三农"问题的新路径。无论是福泉山茶场还是袁家村，从本质上来说，卖点都是乡村生活，都是打造休闲农业和乡村旅游品牌效应，以旅游创品牌，品牌带产品，产品产业化的发展路径。

（一）农旅融合的本质

乡村旅游，是中国旅游发展的新热点，是最具潜力与活力的旅游板块之一。当前，乡村旅游发展的总趋势是：乡村旅游已超越农家乐形式，向观光、休闲、度假复合型转变。个性化休闲时代到来，乡村旅游产品进入创意化、精致化发展新阶段。农旅融合不是简单地给农业和旅游做加法，而是要通过加快农业结构调整，推动农业从生产走向生态、生活功能的拓展，促进农业产业链延伸，建立现代农业和乡村旅游业的产业体系。

（二）农旅融合的类型

1. 家庭农场 + 农事体验

此种模式以"农家乐""渔家乐""茶家乐""采摘园"等形式居多，经营主体多是农户，以其住房、庭院和承包地等作为营业场所，让游客吃农家饭、住农家院、干农家活，享受劳动果实，体验"采菊东篱下，悠然见南山"的乡野生活，这种融合模式是当前数量最多也是农户最主要的参与形式。

2.农业景观 + 观光旅游

这种模式以作物集中种植区、农区特色地形地貌、农业工程等形成的景观为旅游观光对象，如油菜花景观、稻田景观、梯田景观、草原景观、果园景观、花卉景观、水利工程景观等。这种模式的季节性和淡旺季明显，游客前来旅游往往集中在某一时段。

3.农业庄园 + 休闲度假

农业庄园往往具备饮食、运动、体验、养生、商务等功能，满足人们在紧张工作之余的短期休闲。农业园区、农业嘉年华等与农业庄园类似，都是人为设计和建设，具有一定的规模，也有休闲旅游功能。

4.乡土风情 + 民俗旅游

这种模式主打农村文化、民风民俗、乡土建筑、民族风情等，比较典型的有少数民族村寨、传统村落、历史文化名村名镇、农业文化遗产地等，这些地域有较为深厚的文化底蕴、特色的民风民俗，也是常规旅游中经常主打的项目。

5.美丽乡村 + 健康养生

凭借乡村优美的自然环境和健全的服务设施，吸引城市居民来此养生、养老，这种融合模式中游客具有候鸟式特征，尤其适合中老年和短期休养人群，乡村需要配备较为完善的医疗、康健等设施保障。如四川省宝山村，每年夏秋季节吸引大批的城市居民来此度假、避暑、养老。

旅游型乡村是产业融合、人居和谐、乡土浓厚、治理创新、经济活跃的传统性与时尚化共生的村落，其建设与发展是乡村振兴战略的重要支撑。袁家村在历史上并不是古村和名村，却用"以村民为主体，以村庄为载体，恢复关中民俗文化，重建乡村生活"的模式，开创了真正意义上的乡村旅游。

1.农旅融合发展要与乡村振兴目标相匹配

旅游型乡村建设是基于乡土元素、立于旅业要素、成于市场因素的乡村建设模式，以其具乡土特征的生态环境、人文民俗为基础，以"三农"资源为依托，激活农民生产力、延长农业产业链，实施环境景观化、村落优美化、生活体验化、居民好客化、服务功能化，发展乡村和农业旅游，实现生态宜居、产业融合、农业发达、农村繁荣、农民富裕。旅游型乡村建设要素与乡村振兴战略要义具有极高匹配度。

首先，均要求多样化生产要素的投入，使乡村以农业为主的传统产业结构，转化为多种产业并存或产业融合。旅游业具有产业整合和再生能力，形成了融合第一、二、三产业的综合产业。作为旅游型乡村的支柱产业，催生乡村新产业和新业态：与农业结合催生休闲、景观、采摘、体验等农业产业形式；与乡村文化结合催生演艺、研学、游艺等文化产业形态，为乡村产业兴旺提供产业链支撑。袁家村和福泉山茶场都是"三产带二产促一产"，实现三产融合发展。以"三农"为内涵的"袁家村"品牌，做强文旅产业以及健康餐饮和农副产品两大产业。诸如袁家村面粉、醋、粉条等农副产品变为旅游产品，由作坊到生产车间，最终实现了流水线作业。

其次，均将自然生态和传统文化作为资源要素投入经济生产，将生态保护和文化传承作为共同价值追求。旅游型乡村将旅游发展所依赖的乡村特有自然生态与人文民俗因素，转化为乡村建设与发展的资源，营造了宜居的社会生活环境，形成适人宜居的环境支撑。袁家村把乡村的传统习俗和村民的日常生活当资源，恢复关中民俗，重建乡村生活，形成乡村旅游的超级 IP，是包括乡村、村庄和农民三要素的完整意义上的乡村旅游，成功解决了远离城市的乡村如何吸引游客来并形成规模化客流量的问题。袁家村把旅游引入农民生活，让乡村生活成为旅游产品，是将自然生态与传统文化作为资源要素，激发乡村旅游活力的鲜活案例。

再次，乡村振兴致力的"人—人、人—物、人—地"和谐共生的乡风文明建设，与旅游型乡村实施的农村优美化、居民好客化、环境景观化的目标一致。旅游型乡村注重乡村肌理保护和传统文化回归，着重开发民风、民俗、民情等非物质文化以及古村落、古建筑、古祠堂等物质文化遗产，焕发乡村"韵味"。传统与时尚的交替，是乡风文明的重要支撑。袁家村搞旅游先天不足，从乡村的传统习俗和村民的日常生活中发现了人们熟视无睹的旅游资源，即恢复和活化关中民俗，重建和还原乡村生活，以此产生价值和城市交换。

最后，旅游型乡村多种要素融合发展的产业模式，其多元生产要素聚合、多产业融合和各产业链合发展，需要建立适用于人—人、人—地、人—物、人—业和谐的生态、文化、产业、社会的全方位治理系统。完善农业农村治理体系，与乡村振兴的有效治理殊途同归。

2. 农旅融合必须是乡村文化与乡村旅游的融合

建设旅游型乡村，关键是守住乡土魂，展现乡村美，做好"旅游 +"。

乡风文明根植于乡土文化，是旅游型乡村的"魂"。守住乡土魂，一要传承乡土文化。通过挖掘乡村文化元素，开发保护好山水村寨、田园农耕、民居建筑、民俗风情等遗产类文化旅游产品，形成乡村生态、文化、产业、旅游、社区的叠加功能。二要保持乡村生态文明体系的和谐。乡村是生态村落、文化社区、生活家园、生产农区的聚合态。尤其是有机农业、家庭手工业、风物特产业等传统业态，都是风土人情的积淀。要保护非物质文化遗产，传承工艺文化精髓，延续历史文化根脉；要形成保护人—地和谐、农耕生活的乡村"法治"体系，焕发村规民约等传统乡村治理理念的生机，形成具约束力的"德治"道德体系。坚守生态文明理念，构建环境管理、行为约束相协同的保护机制。袁家村解决了乡村旅游产业化和村民持续增收的问题，低成本打造农民创业平台，把村民培养成创业主体、经营主体，这一点也让很多搞旅游的人看不懂。袁家村用农民股份合作社调节收入分配，凡是生意好的项目大家都可以入股，村民共享收益，成功解决了全体村民的共同富裕问题，从根本上保证了袁家村的可持续发展和乡村振兴。

乡村旅游最大的难点就在于无法把农民组织起来，确立农民的主体地位。让村民成为自家生意的老板和合作社的股东，家家有生意，人人能挣钱，这才是袁家村的独门绝技和制胜法宝。

展现乡村美，就是展示生态风景、田园风光、民居风貌、人文风情所构成的生态宜居的乡村美。一是维护山水、田园、村落、民居格局即人与山、水、林、田、湖、草和谐共生的生态美。原生态保留整体风貌及其村庄结构肌理、民居建筑及其风格等，维护人与自然和谐共生的乡村生态聚落形态；二是加强乡村"颜值"塑造，村落美化要与地形地貌有机结合，彰显优美的山水格局和高低错落的轮廓线；乡村建筑风格、色彩、材质等应传承原生状态，附加的旅游构筑物要突出民族、乡土、时代特征，注重文化符号应用，打造唯我独有的高品质村庄。三是创造参与传统农耕、动植物种养、捕捞与采摘、传统工艺品与风味美食制作、手工作坊劳动等体验的生产美。四是构建观赏民俗风情、欣赏乡土景观、品尝民间美食、参加节庆活动的生活美。同时加强乡村环境的整治和提升，建设"美丽乡村"。

做好"旅游+"。应用"旅游+"业态创新模式，实现旅游和农业农村的多方位融合，基于旅游业的聚合、整合与链合性，配置乡村要素，盘活农村资源，建立农村农业新型产业体系，发展农业+观光，水利、工程+旅游，康养、民宿+度假，美食风味、节庆、会展+体验等多种形式的乡村新业态，建立起农村产业融合发展体系。同时，促进农业产业链的延伸和更新，发展农旅融合式的农业+创意及田园综合体、乡村农庄等产业，提高农业附加值，塑造链接旅游的乡村产业品牌。

通过旅游型乡村建设，促进产业兴旺，构建生态宜居环境，推动乡风文明，完善乡村治理，实现共同富裕，确是一条助推乡村振兴的正确之路。